Lean Manufacturing En Español

Cómo eliminar desperdicios
e incrementar ganancias

Descubre cómo implementar
el Método Toyota exitosamente

Miguel Fernández Gómez

"El secreto de todo el poder es el siguiente: conserva tus fuerzas. Si quieres alta producción, debes desechar el desperdicio."
-Joseph Farrell

ÍNDICE

Prólogo

Existe un patrón muy común entre las empresas que comienzan a implementar el Lean Manufacturing, y es que ven resultados al comienzo, pero pierden la motivación a medida que avanzan, ingresan a una especie de meseta, y luego vuelven otra vez a sus viejos hábitos.

Incluso los errores más pequeños pueden contribuir a un proceso deficiente que incremente los costos significativamente. En el año 2009, hasta 1,5 millones de ciudadanos británicos fueron confundidos cuando recibieron una carta pésimamente escrita, pidiéndoles que confirmen y marquen una casilla en el formulario electrónico de las declaraciones de impuestos. La casilla en el formulario fue puesta por error, así que para solucionar el inconvenientes se les pidió a los ciudadanos afectados que realicen una serie de complicados y confusos pasos. Debido a la pobre redacción del documento oficial, se realizaron numerosas llamadas telefónicas a números incorrectos en todas las diferentes reparticiones del gobierno, duplicando el trabajo necesario para recoger los datos.

Muy frustrados y con marcado descontento, los ciudadanos ocuparon varios minutos adicionales haciendo numerosas llamadas telefónicas, y los contribuyentes gastaron un estimado de 5,6 millones de libras esterlinas en el irritante proceso. Todo esto nada más que para confirmar una casilla marcada en la declaración original. El costo de este simple error incluye los gastos de impresión, envío de las notificaciones, horas de atención al por parte de los operadores, el tiempo desperdiciado de los ciudadanos, llamadas costosas y el procesamiento de información adicional. Todo esto realmente suma, y mucho.

Lo que podría haber hecho de manera diferente la organización del gobierno es lo siguiente: si simplemente hubiera realizado una prueba de la aplicación web antes de su lanzamiento, su inversión de tiempo en solucionar el problema habría sido de alrededor de una hora, ahorrando millones en el proceso. Como lo ilustra este ejemplo que acabas de leer, los procesos defectuosos pueden generar un gasto increíble que puede impactar negativamente toda tu organización.

Para comenzar a ver los procedimientos imperfectos, tenemos que entender los flujos y cómo se relacionan directamente con nuestros objetivos de trabajo. El flujo es el sistema que mueve ya sea nuestro producto o el personal de trabajo desde un principio hasta el final del proceso. Para mejorar estos sistemas de producción de flujo ascendente entran en juego varias de las herramientas "Lean". Los conceptos "Lean" resultan conceptualmente fáciles de comprender, sin embargo, son a menudo difíciles de aplicar a escenarios de la vida real. Esto es así por que la comprensión de lo que parece un buen proceso, cómo se diseña y cómo se implementa y administra no es intrínseca a la creación de ese proceso, por lo tanto, a menos que se apliquen métodos probados y bien examinados, los resultados podrían no ser los esperados.

Las características de un métodos mal diseñado incluyen el no ser sensible a los cambios internos y externos que provoca el cliente, pasos anticuados sin valor agregado que llegan a convertirse en horas extras y el trabajo repetitivo que podría eliminarse. Los procesos improductivos también surgen cuando no entendemos ni examinamos las razones detrás de nuestros mapas de procesos actuales. Estos son muy necesarios, ya que explican con detalle las operaciones requeridas y son una herramienta clave en la lucha contra métodos ineficaces.

En este libro descubrirás cómo un buen mapa de procesos puede ayudarte a eliminar pasos innecesarios, cuestionar con rigor las demoras y reemplazar la microgestión innecesaria con la confianza.

Este no es un libro teórico sobre el tema, sino más bien una guía práctica para ayudarte a implementar este novedoso sistema de producción a cualquier tarea que estés realizando. Como veremos más adelante, el Lean Manufacturing es útil no sólo para las grandes compañías, sino también para pequeños proyectos y aun para mejorar la productividad en nuestra vida personal.

Este libro ha sido escrito para que puedas poner en práctica sencillos métodos y probadas herramientas para ayudarte a optimizar tu productividad, gestionar mejor tu tiempo y generar resultados interesantes y medibles.

Sin embargo, también ofrecemos la posibilidad de descargar un libro gratis que ahonda en los conceptos, técnicas, herramientas e implementación de Lean Manufacturing. Esta obra, que encontrarás en la sección "Recursos" al finalizar este libro, ha sido escrita por Juan Carlos Hernández Matías, Investigador Doctor del Grupo Ingeniería de Fabricación de la Universidad Politécnica de Madrid y Antonio Vizán Idoipe, catedrático, también de la Universidad nombrada anteriormente. Juntos escribieron este libro para la Escuela de Organización Integral, en el cual encontrarás no sólo más información, sino también la situación del Lean Manufacturing en España, las conclusiones de un estudio realizado a más de 200 profesionales de la industria y tres casos de éxito que profundizan los detalles y aspectos clave de su implementación.

Introducción

Hay un problema muy común cuando hablamos de Lean Manufacturing, y es la cantidad de diferentes traducciones que tiene este término. Muchas empresas, industrias y autores usan infinidad de traducciones, como por ejemplo: manufactura y/o Lean Manufacturing, esbelta o sin desperdicios, por mencionar algunos. A su vez, numerosas empresas que usan Lean han adoptado terminologías en inglés como parte de su vocabulario.

Debido a esto es que he decidido utilizar los términos en inglés, pues ya están aceptados e incorporados en nuestro lenguaje cotidiano. Otra razón es que al usar alguna variedad de traducciones, se presta para la confusión, dependiendo el tema tratado. Sin embargo, también verás que uso frecuentemente el término "Lean" en solitario, ya que dependiendo el tema, puede aplicarse a diferentes entornos de producción.

Ahora bien, ¿por qué el Lean Manufacturing es tan predominante en las actuales economías modernas de escala? Creo firmemente que esto es así para poder permanecer competitivos, ágiles y con costos de producción bajos, como así también proveer y mantener los negocios simplificados eliminando el desperdicio. Ser altamente consistente y sostenible es la clave para sobrevivir y ser próspero en esta nueva economía.

El Lean Manufacturing, o Lean Thinking, es exactamente lo que el nombre indica: "cortar hasta el hueso", eliminar completamente los procesos no productivos y simplificar las operaciones y organizaciones.

Los autores Womack y Jones definen el pensamiento "Lean" como un kit o colección de "herramientas de eficiencia" que puedes aplicar en tu negocio para ahorrar dinero, reducir costos, eliminar desperdicios y entregar consistente y efectivamente servicios económicos y gratos a tus clientes. Se trata de una visión que contiene herramientas para reducir la inestabilidad y el desperdicio, ser eficiente y funcionar tranquila y competitivamente, incluso con una operación altamente rentable.

El pensamiento fue inicialmente defendido por pioneros como Toyota y eventualmente ha sido adoptado por fabricantes de autos japoneses como un principio con el cual ellos quisieron construir, operar y hacer crecer su negocio. Un poco después el mundo occidental se apegó al valor y al potencial de este enfoque, y lo aplicaron a sus respectivas organizaciones y operaciones.

El Sistema de Producción Toyota (TPS, por sus siglas en inglés) es un sistema técnico integrado, desarrollado por la empresa Toyota, que abarca su filosofía, como así también sus prácticas de gestión. Este sistema de producción organiza la fabricación y la logística para el fabricante de automóviles, comprendiendo la interacción con proveedores y clientes. El TPS es un importante precursor del más conocido sistema que veremos en este libro, el "Lean Manufacturing".

Algunos se refieren al Lean Manufacturing como "el sistema de producción Toyota" o "producción JIT" (justo a tiempo, por sus siglas en inglés), que centra la atención en cosas como producciones fluidas, operaciones en línea, flujos de valor y Kaizen (el cual veremos más adelante).

Existen tres objetivos principales dentro de TPS y son los siguientes: eliminar la sobrecarga (muri), la inconsistencia (mura), y el desperdicio (muda). Los resultados más significativos en la entrega de valores de proceso son alcanzados mediante el diseño de un proceso idóneo, capaz de producir los resultados requeridos sin problemas; estando atentos a "mura" (inconsistencias). Asimismo, para asegurar que el proceso sea tan flexible como sea necesario, es decisivo que no exista el estrés o "muri" (sobrecarga), ya que esto generaría "muda" (residuos). La correcta eliminación de todos los residuos es tal vez la idea principal de este modelo ajustado, ya que es la más conocida e implementada de las tres.

En cualquier proceso y enfoque de Lean Manufacturing hay algunas cosas a las que se debe prestar atención: disciplina, planeación, tenacidad, enfoque científico y herramientas basadas en la estadística son elementos requeridos y que aplicados correctamente pueden hacer que esta estructura de negocio sirva, funcione y perdure.

El Lean Manufacturing ayudará a que tu negocio dé un vistazo serio a las causas y efectos visibles de tu profesión. Algunos aspectos que pueden requerir atención son:

1. Inventario

2. Movimiento/movilidad

3. Tiempo de espera o filas

4. Máquinas averiadas o herramientas perdidas

5. Desorden y suciedad

6. Ruido

…y muchas otras.

Cosas que vemos, como ineficiencias o desperdicios obvios atraen atención y requieren de una acción concreta. Aquí es donde el Lean Manufacturing entra en juego y hace la diferencia, pues se encarga de los problemas que realmente vemos y hace algo al respecto.

Fiel a su origen japonés, existe un gran "legado" de terminología, el cual es más apropiado utilizar ahora que empezamos nuestra discusión sobre las herramientas de "Lean" y sus implicaciones en tu negocio:

La palabra japonesa MUDA se refiere esencialmente al desperdicio. En cualquier proceso o negocio existen ocho formas de MUDA/DESPERDICIO que siempre están presentes:

1. Fabricar productos y/o ofrecer servicios que a nadie le interesan o no cumplir con las necesidades del usuario. (inservibles)

2. Productos defectuosos o servicios fallidos. (errores)

3. Fabricar algo en demasiada cantidad. (sobreproducción)

4. Inventario.

5. Procesamiento extra. (pasos sin valor añadido)

6. Movimiento innecesario de las personas.

7. Transporte. (movimiento innecesario de cosas)

8. Espera.

Hay muchas razones por las cuales la gente debería preferir utilizar en su organización o negocio el modelo de la producción "Lean". Algunos beneficios rápidos que puedo mencionar ahora son los siguientes:

1. Avances en el rendimiento

2. Incremento en la calidad

3. Tiempos de ciclo más cortos

4. Crear valor en las acciones

5. Aplicar los principios en todos los niveles de la organización

Cuando te enfocas en cualquier mejora en la producción para conseguir más beneficios, tendrás que prestar atención a los dichos "tiempo es dinero" y "la calidad sí importa". Estos dos principios y pilares fundamentales en Lean Manufacturing te van a recompensar inmensamente si los consideras en todos los aspectos y áreas productivas de tu negocio.

La mejora en la producción de seguro conseguirá una reducción de costos, como así también la agilización de operaciones y tiempos de espera en un corto período de tiempo. Esto se puede planificar utilizando herramientas de ajuste para que te ayuden a alcanzar el objetivo. Asimismo lograrás acortar el tiempo de procesamiento de principio a fin, desde el momento en que se hace la orden hasta que es enviada y entregada (también llamada ciclo de tiempo).

En el pasado, las técnicas y las herramientas "Lean" eran asociadas con la manufactura, sin embargo, Eric A. Hayler, un maestro de cinturón negro de Six Sigma en BMW, dice que ya no es así en la actualidad: "Las herramientas de "Lean" se aplican muy a menudo en entornos de atención médica, educación y gobierno. Ya sea que usted se refiera a la producción concreta de algo o a la provisión de bienes o servicios, también conocida como proceso de transacción, la metodología "Lean" se puede aplicar en todas ellas.

Si quieres implementar un proyecto "Lean" en tu organización, comienza por asistir o implementar "Kaisen". Eric nos comenta: "Kaisen es una palabra japonesa que se refiere a pequeñas mejoras, y un evento Kaisen es un taller que típicamente suele durar de uno a tres días y de tres a cinco días si se realiza en una planta de producción para un proceso de servicios, un hospital o una escuela".

Ten en cuenta que los proyectos "Lean" son exitosos sólo cuando la gerencia los apoya y participa en ellos. Al respecto, Eric dice: "quienes patrocinan las actividades deben mostrar que aquello en lo que trabaja el equipo es muy importante, deben apoyar al equipo con sus recomendaciones cuando sea posible y también deben realizar un seguimiento para asegurarse de que las acciones recomendadas se implementen al pie de la letra".

Veamos a continuación un ejemplo real:

En octubre del año 2012, la ciudad de Nueva York fue devastada por la supertormenta Sandy. Organismos de ayuda luchaban por la demanda de alimentos. Mientras las excavadoras intentaban limpiar los destrozos, miles de personas hacían filas larguísimas para procurarse alimentos no perecederos.

Seis meses después de la catástrofe natural, las personas de la localidad de Rockaways todavía tenían hambre, pues el sistema de repartición de alimentos era mediocre.

Jorge, encargado de Bodega y distribución para Metro Food, decía lo siguiente: "Me encanta trabajar, pero también me gusta poner una sonrisa en los rostros de las personas".

Cada semana, Jorge entregaba cajas con comida a las familias hambrientas de Rockaways.

"Si hay algún niño que esté necesitado, necesito ayudar a esa persona", dice Jorge, vestido con ropa de trabajo, borceguíes, y subido a su vehículo monta cargas.

El contenido de cada caja alimenta a una familia por

tres días, y contiene arroz, avena, salmón, patatas, fideos, salsa de espagueti y otros productos enlatados.

"Cuando tenemos nuestra última caja y ves que hay como siete familias esperando en la fila por su caja de alimentos, eso me mata, porque en realidad no sabemos qué hacer", dice Jorge.

"Jorge es un gran líder, él sabe lo que hay que hacer, pero en realidad no tienen un sistema funcionando, porque si tuvieras un buen sistema, me parece que el trabajo se haría solo", dice Natalia, una voluntaria del Banco de Comida de la Ciudad de Nueva York.

El Sistema de Producción Toyota (TPS, por sus siglas en inglés) es la suma de varias mejoras pequeñas, simples y económicas que pueden llegar a tener un alto impacto en el sistema de producción de cualquier compañía.

Jaime y Lisa se dedican a compartir el Sistema de Producción Toyota a organizaciones sin fines de lucro radicadas a lo largo y ancho de todo Estados Unidos.

Lisa comparte su opinión sobre el sistema: "La gente está empezando a entender que estos principios básicos de TPS se pueden aplicar a cualquier proceso. No necesariamente tiene que ser un proceso de manufactura".

Jaime y Lisa se han propuesto hacer mucho más eficiente a Metro Food en tan sólo ocho semanas.

Con respecto a esto Jorge dice: "Tenemos nuestra manera de hacerlo, pero si hay una forma más rápida y eficiente de llevar alimentos a las personas yo lo apoyaré. Lo apoyo completamente".

El primer cambio que se llevó a cabo fue la eliminación de los desperdicios, es decir MUDA.

Por ejemplo, se analizó el tamaño de las cajas que contenían los alimentos y se redujo su tamaño para que de esta manera no se despache aire nada más.

Jaime comenta al respecto: "Pensamos que con una caja más pequeña tendríamos el beneficio de poner más comida por camión para servir a más personas. El beneficio secundario es que una caja más pequeña ya no es tan difícil de manipular y trasladar manualmente".

La cantidad de cajas enviadas por camión antes eran de 864. Luego del cambio, ese número se incrementó a 1260.

La mejora número dos fue crear un flujo continuo. Una de las voluntarias relata la manera en que se hacían las cosas: "Lo que más me impactaba era ver lo difícil que era para los voluntarios empacar esa caja, pues caminaban largas distancias llevando cosas pesadas de un lugar a otro sólo con sus manos. En el almacén las cosas estaban bastante desordenadas, pues había una mesa en el medio y otras tantas por aquí y luego otras por allá, así que todos estaban hurgueteando para sacar cosas. Me parecía que eso no era muy productivo".

Jaime nos cuenta lo siguiente: "Pusimos a todas las personas de un lado de la fila y los alimentos del otro lado. De esta manera logramos un flujo continuo".

"No deseo que tengas que caminar cinco metros para alcanzar dos latas de maíz", comenta Lisa, "quiero que esas latas de maíz estén listas y disponibles para ti en la esquina correcta, en el lugar correcto en el momento correcto para que las puedas empacar en la caja".

Antes del cambio se necesitaban tres minutos para empacar una caja, pero luego de implementado este segundo cambio ese tiempo se redujo a (no lo vas a creer) ¡tan sólo once segundos!

"Kaizen es la palabra japonesa para mejora continua", dice Jaime. "Esta filosofía significa que siempre queremos esforzarnos para lograr, paso a paso, mejorar un proceso productivo. Fuera de Toyota, la palabra problema puede tener una connotación negativa o puede significar una cosa mala. Yo creo que un problema significa que tenemos algo que podemos mejorar".

El tiempo original de distribución para todos los alimentos era de tres horas, pero luego de la implementación de TPS se redujo a una hora con veinte minutos.

Finalmente, Jorge nos comenta: "Una de las cosas que aprendí de estas personas es cómo estructurar las cosas una a una, es decir, no tomar todo el proceso como un todo ni como un gran lío, sino a tomarlo paso a paso".

Jorge y Metro Food pueden ahora alimentar a casi 400 familias más en la mitad del tiempo. Luego de la supertormenta Sandy, fueron capaces de distribuir más de 9,2 millones de raciones de alimentos.

Como habrás podido apreciar, al utilizar un modelo de Lean Management, puedes combinar la mejora de tu negocio con estrategias empresariales, ya que necesitas de ambas para ser exitoso y obtener resultados que perduren.

Existen métodos que te ayudan a decidir qué enfoque específico o proyectos principales pueden tener el mayor impacto en tu balance final, estrategia y prioridades financieras totales.

Deshacerse de los retrasos, tiempos de espera, obstáculos, atascos y desperdicios que entorpecen será muy oportuno para producir productos y servicios más confiables, eficientes y económicos.

Reducir gastos y ahorrar dinero es crucial en la producción y en el pensamiento "Lean". Es una filosofía y estrategia empresarial práctica, que recompensará inmensamente e incluso incrementará el valor de las acciones significativamente.

Las herramientas y métodos que vamos a discutir y resaltar como parte de este proceso serán reveladoras e inspiradoras. Son efectivas y funcionan al cien por ciento. Complementan y reafirman la eficacia y las operaciones simplificadas con devoluciones medibles a tu bolsillo, de manera que puedas ver los resultados cuando haces los balances finales.

Después de todo, la razón por la que todos estamos comerciando es para ganar un ingreso. Tiene que generar para que sea negocio, de lo contrario, ¿qué caso tiene hacerlo?

1
Algunas Herramientas Lean

En un tiempo en el cual los negocios tienen que seguir el ritmo de los constantes cambios y evoluciones del mercado, la agilidad y adaptabilidad son clave para mantener un negocio rentable de manera eficaz. Fíjate que hoy en día todos hablan de un lugar de trabajo "orgánico" y colaborativo donde todos los obreros puedan trabajar juntos hacia la obtención de metas conjuntas.

Negocios transaccionales y eficiencias en la producción son parte esencial del éxito, los procesos que sean optimizados y los resultados obtenidos servirán para darte cuenta de lo siguiente:

- Hay un potencial definitivo para recortar significativamente los costos como así también el desperdicio. También se puede ser más eficiente e incrementar el valor de las acciones y las ganancias.

- Herramientas, utilidades y procesos son

necesarios para obtener estos resultados.

- Estos métodos y herramientas pueden ayudar a posicionar tu negocio por arriba de lo mediocre para que se destaque de entre la multitud en cuestiones de calidad.

El Lean Manufacturing ha ayudado a las empresas grandes como General Electric y Toyota a reducir tanto costos como desperdicios y mejorar también la forma en que utilizan sus recursos, calidad y tiempo. ¿Qué estás haciendo para mantener a tu empresa competitiva?

Si prestas la suficiente atención al tiempo y a la calidad en tu negocio, entonces el modelo de Lean Manufacturing es para ti.

La reducción de los tiempos de espera, los cuellos de botella, de ciclo y tiempos de espera es todo lo que importa tanto a la empresa como al cliente. Cualquier variación en el tiempo para completar los procesos (o cada paso de un proceso) causa diferenciación y debes encargarte de eso para asegurar la satisfacción del cliente.

El mejor ejemplo es el marco de entrega del producto, el cual se puede evaluar para luego gestionar las expectativas alrededor de los resultados obtenidos. Lean Manufacturing es mucho más que tan solo identificar y encargarse de los defectos. Va más allá de la causa y el efecto, pues se deshace de los pequeños gusanos que pueden llegar a enfermar cualquier sembradío, los cuales tienen el potencial de ocasionar el mayor daño en el menor tiempo posible.

Las organizaciones deben preocuparse no sólo por

los clientes que ya tienen, sino también por los que casi tuvieron. Ésa era la idea cuando una firma financiera internacional notó que en Latinoamérica perdía el 40% de sus solicitudes de préstamos para vehículos debido principalmente a demoras en los tiempos de respuesta. Eso representaba 110 millones de dólares estadounidenses en pérdidas de ingresos anuales. Combinando las herramientas de "Lean" y Six Sigma, la organización mejoró los tiempos de respuesta en un 98% en cuatro países. Los menores tiempos de respuesta significaron una mejora del servicio que, como es lógico, aumentó la cantidad de solicitudes recibidas en tres de los cuatro países. La captura incluso de una parte de ese 40% de clientes perdidos resultó en un ingreso adicional de millones de dólares.

Para que tus clientes puedan interactuar con tu negocio de forma clara y confiable es esencial que pongas en práctica todos los métodos y herramientas disponibles en la manufactura ajustada. Lo bueno es que veremos muchos de ellos a lo largo de este libro, y te diré cómo implementarlos paso a paso.

En nuestra economía moderna tanto la rapidez como la confiabilidad hacen la diferencia. El mundo gira tan deprisa que lo que fue un modelo de referencia ayer rápidamente se convierte en requerimiento de nuevo ingreso y prerrequisitos en un mercado altamente competitivo. A estas altura de seguro ya sabes que para mantenerte en la cima tienes que adaptarte y cambiar constantemente.

Reducir los costos generales y el inventario es una parte importante del modelo de Lean Manufacturing.

Algunas métricas de negocio que se utilizan con

frecuencia para calibrar el rendimiento del mismo es el tiempo de entrega y la reducción del tiempo de espera. Los desechos y los reprocesos, otras formas de residuos, son también buenos indicadores. La rapidez y la calidad normalmente sufren en los negocios de ritmo acelerado, aun cuando los consumidores del presente y el futuro sean cada vez más demandantes e insistentes en cuanto a los servicios básicos.

Las compañías normalmente mejoran a paso lento, y esto se da porque el cambio requiere de tiempo. Sin embargo, el Lean Manufacturing para este modelo de producción impulsa los esfuerzos de mejora y respalda los procesos y resultados emprendidos.

Alta calidad, rapidez y bajo costo son los beneficios que obtendrás con las herramientas aplicadas al pensamiento de Lean Manufacturing. A menudo se combina con procesos y herramientas de medición para mejorar negocios, tales como Six Sigma.

Six Sigma

Six Sigma es un conjunto de técnicas y herramientas para la mejora de procesos. Fue desarrollado por Motorola en el año 1986, coincidiendo con la burbuja de precios de activos japoneses que se refleja en su terminología. Jack Welch hizo de este sistema el centro de su estrategia de negocio para General Electric en 1995. Hoy en día, se utiliza en muchos sectores industriales.

Six Sigma busca mejorar la calidad de los resultados del proceso mediante la identificación y eliminación de las causas de los defectos (errores) y minimizar la variabilidad en la fabricación y los procesos de negocio. Se utiliza un conjunto de métodos de gestión de la calidad, incluyendo los métodos estadísticos, y crea una infraestructura especial conformada por las personas dentro de la organización. Cada proyecto Six Sigma realizado dentro de una organización sigue una secuencia definida de pasos, como por ejemplo: reducir el tiempo de ciclo del proceso, reducir la contaminación, reducir los costos, aumentar la satisfacción del cliente y aumentar los beneficios. Estos son también base de los principios de la Gestión de Calidad Total, como lo describen Peter Drucker y Tom Peters en su libro "En busca de la excelencia", en el que se refieren a los seis principios sigma utilizados en Motorola.

Es difícil hablar de Lean Manufacturing sin mencionar Six Sigma. ¿Cuál de los dos métodos usar cuando se enfrenta un desafío? Jim Bossert, Senior VP y Administrador de Diseño de Procesos para el Bank of America, sugiere que se usen ambos: "Francamente esa es la tendencia que se usa actualmente, se usan herramientas "Lean" para mejorar el flujo y herramientas de Six Sigma para controlarlo. De esta manera se logra sostenibilidad durante mucho tiempo".

Los expertos María Pamment, Manager de Process Improvement y David Behling, Director de Process Improvement para Goodwill Industries of Southeastern Wisconsin, responden por qué funcionan y seguirán siendo relevantes: "por lo que veo se usará una combinación de los métodos de Six Sigma y Lean. Cuando estos métodos se combinan crean una herramienta muy poderosa en las industrias de servicios que buscan mejorar eficiencias y eliminar desperdicios.

5

Pienso que la combinación de los dos métodos es más poderosa y creo que en la próxima década se producirá esa evolución". Behling destaca: "Six Sigma y Lean se llamarán de otra manera y serán conocidos por diferentes nombres, no creo que los conceptos o elementos de Lean y Six Sigma hayan cambiado realmente, desde que se crearon y se dieron a conocer. Sin embargo, se renuevan continuamente y creo que en una década se renovarán y se denominarán de otra manera".

De modo que no es probable que Lean y Six Sigma desaparezcan, y Behling sugiere cómo convencer a los altos directivos de las empresas para que usen estos métodos: "Encuentre algo que los altos directivos de la empresa quieran cambiar o reparar y muéstreles el modo de solucionarlo usando Lean y calidad. Algo que siempre me gusta hacer es mostrar el lado feo y visual del problema, es uno de los fundamentos básicos de Lean y produce cambios reales. Si pone algo en un tablero o lo pone frente a los directivos cada día o cada semana que no se trata de algo halagador o bonito, ellos querrán cambiarlo".

Volviendo al Lean Management, vas a encontrar en este camino que el pensamiento ajustado es a veces algo contradictorio pero brillante a la vez, ya que puede lograr grandes resultados con tan solo aplicar métodos simples y sencillos que pueden aumentar la producción y obtener grandes resultados.

El Lean Manufacturing requiere de un gran sentido de liderazgo y también predicar con el ejemplo. Si estás buscando un nicho de mercado y una ventaja competitiva en tu negocio, ¡ya lo encontraste!

Optimizar las oportunidades es el nombre del juego de este modelo de producción. Moverse mentalmente con rapidez y con calidad, bajar los costos y el desperdicio en el proceso, te hará cosechar recompensas en cuestión de horas. Saca el máximo provecho del hecho de que algunos de tus competidores son más bien lentos a la hora de optimizar su producción para mejorar su rendimiento.

Hasta aquí puede ser que tengas todo tipo de preguntas. Algunas de las que me han hecho frecuentemente cuando doy conferencias son: ¿Qué aporta el Lean Manufacturing a un negocio? ¿Cuál es realmente la propuesta más rentable? ¿Por qué hacerlo?

Muchos han definido el Lean Manufacturing como la reestructuración (o agilización) de los procesos de producción para sacar el máximo provecho del inventario, del equipo y de las personas.

Para mantener las cosas simples, el Lean Manufacturing (o LM), tiene una premisa base y la meta general de "hacer más con menos". Esto se logra efectivamente por medio de:

1.   Minimizar el inventario

2.   Sistematizar todas las etapas de la producción

3.   Eliminar desperdicios

4.   Reducir tiempos de espera

5.   Acortar los ciclos del tiempo de materias primas a bienes terminados

Los procesos de LM implican algunos cambios positivos reales y productivos en negocios que van a tener un impacto mensurable en el balance final.

Algunos de los beneficios de LM pueden incluir:

- Reducción en los tiempos de espera, producción y de ciclos

- Capital liberado

- Incremento en el margen de ganancias

- Incremento en la productividad

- Mejoría en la calidad del productos

- Procesos, productos y servicios justo a tiempo, económicos, simplificados y rentables

- Mejoría en el tiempo de los envíos

- Satisfacción y lealtad de los consumidores

- Retención de los empleados

Veamos ahora otro caso de éxito. El TBM Consulting Group compartió hace no mucho un caso de uno de sus clientes más importantes. Wika Instrument Corporation es un fabricante internacional de medidores de presión y otros instrumentos de medición. Esta compañía cuenta con instalaciones en todo el mundo, siendo la más importante su sede en Klingenberg, Alemania.

La empresa emplea a más de 6,500 personas y embarca más de 40 millones de productos anualmente.

La jornada "Lean" de Wika comenzó en el año 2001. Sin embargo, luego de ocho años de producción estable, en el año 2009 bajaron las ventas a causa de la recesión, a lo que siguió un crecimiento inédito en el año 2010.

Michael Gerster, presidente de Wika Instrument Corporation en los Estados Unidos de América, decía lo siguiente: "Lo que es digno de mención es el hecho de que aun así hicimos un buen año del 2009 en cuanto a rentabilidad y cómo manejamos la repentina pero impredecible alza del 30% que estableció un nuevo hito en el 2010. Es imposible pensar en experimentar tal ascenso sin una mentalidad Lean".

¿Cómo logró esta compañía mantenerse estable en plena recesión? Las prácticas manufactureras Lean permitieron que la empresa respondiera rápidamente a las caídas del mercado sin verse limitada por excesos de inventario. Al repuntar el mercado fue más fácil alinear las actividades de producción con los pedidos.

Actualmente Wika aprovecha sus ventajas operativas para producir un amplio rango de instrumentos de medición de alta calidad, según las especificaciones precisas del cliente, y las entrega rápidamente, generalmente de tres a cinco días.

Tal servicio se ha visto recompensado por parte de los clientes y es elemento vital del crecimiento en ventas. Al mismo tiempo, Wika ha logrado mejorar su productividad, reducir las necesidades de espacio en piso y detectar los ahorros adicionales en costos, lo que ayuda a mejorar los márgenes.

En un negocio, sin importar el ámbito, el alcance y la condición; sea pequeño, grande, o que recién esté empezando, creciendo y expandiéndose, todo importa, aun hasta el más mínimo detalle. Mejorar la calidad, los tiempos, costos, y disminuir el desperdicio son factores claves. LM te da la oportunidad de asegurar que tu negocio crezca fuerte, rápida y consistentemente, al mismo tiempo que obtienes mayor valor mejorando la competitividad. Esto hará que te posiciones por encima de tus competidores y salgas de la mediocridad.

En el próximo capítulo veremos más en detalle cómo usar herramientas de LM en tu negocio.

2
Cómo Usar Herramientas Lean en tu Negocio

A continuación responderemos la pregunta más frecuente que me hacen cada vez que doy conferencias: ¿Qué es el Lean Manufacturing y qué herramientas puedo usar en mi negocio?

Hemos visto anteriormente que LM es un proceso continuo. Este método y paradigma se enfoca en tiempo, calidad, costos, reducción de desperdicios y la simplificación de las operaciones, lo que puede ayudarte a reducir inventarios, optimizar los trabajos en proceso (comúnmente llamados WIP, por las siglas en inglés de "work-in-process"), liberar espacios de piso necesarios y reducir tiempos de ciclo y producción.

El Lean Manufacturing (incluso combinado con otros esfuerzos para la mejora de un negocio como el método Six Sigma mencionado anteriormente), puede acarrear mejoras mensurables y significativas en la calidad. La mayoría de las herramientas se enfocan en conceptos realmente simples y que son fáciles de usar e implementar. Se enfoca en lo visible, en lo que puedes ver, apunta al cambio y al control. Interconecta pasos, procesos y personas. Localiza el desperdicio, como así también los problemas, y permite solucionar los errores rápida y efectivamente mientras se ahorra dinero en el proceso.

No hay nada realmente complejo o misterioso en esto. Cualquiera puede aplicarlo en su negocio, no importa en qué industria se encuentre. No tiene por qué ser complicado ni tampoco reservado solo para unos cuantos, y puede ser una gran herramienta para movilizar tu organización.

El kit básico de LM tiene herramientas (las cuales veremos en detalle más adelante) que consistente y constantemente posibilitarán un cambio en los procesos inefectivos para operar fluidamente las líneas de producción. Les da a todos la oportunidad de "tomar control" y enorgullecerse del trabajo que desempeñan. Es un facilitador práctico.

Cuando las personas logran entender el cómo y toman un enfoque analítico de causa y efecto en las cosas a su alrededor, como por ejemplo, procesos de trabajo, se entra a un nuevo mundo de entendimiento, responsabilidad y cambio. Esto hace que tu negocio se renueve, y cuando las recompensas empiezan a llegar, todos participan y comparten el éxito de los resultados.

Hay un mito que necesita aclararse en este momento y es el que dice que LM es solo para procesos de gran volumen o estandarizados. Esto es completamente engañoso y está muy lejos de ser cierto. El Lean Manufacturing es lo suficientemente versátil y robusto como para ser aplicado en cualquier contexto o proceso de diferentes formas. Operaciones en lote, sistemas de producción, cambios de modelo y de desplazamientos, cambios de herramientas, etc. ¡todo califica! Así estés haciendo aparatos, bombillas de luz, produciendo un servicio o un producto de nicho en algún campo especializado, el Lean Manufacturing te puede ayudar en todos los aspectos de tu negocio, incluso el financiero, pues también brinda asistencia con transacciones, inventarios, procesos de contratación, pago de nóminas, etc.

Y no solo lo puedes aplicar a tu negocio, sino a tu vida misma. Scott Smith asume la misión propia de llevar "Lean" a su vida personal todos los días, ya que aplica técnicas de manufactura ajustada en muchos aspectos, desde sus armarios hasta en la preparación de sus hijos para ir a la escuela. Scott, Senior Manager de Estrategias Operacionales para CareCore National, dice lo siguiente: "Cuando uno empieza a usar las herramientas de calidad y se da cuenta del poder y valor de su uso, uno puede decir que lavar la ropa es un proceso, tener un horario para que los niños lleguen a la escuela es un proceso. Esta metodología se puede aplicar en muchas áreas para eliminar lo que no sirve y así dedicar más tiempo para uno mismo".

El Lean Manufacturing se usa para simplificar los procesos de negocios, pero también puede simplificar la vida diaria. Mira lo que compartió Bill Peterson en una conferencia TED en Noviembre del año 2011. El señor Peterson tiene más de 30 años de experiencia en el mantenimiento de aeronaves, reparación y revisión

(MRO) de negocios. A lo largo de estas asignaciones, él ha utilizado herramientas de mejora continua tales como Lean Manufacturing y Six Sigma para liderar el cambio en los procesos y la cultura organizacional:

"Yo trabajo con una gran cantidad de diversas organizaciones siempre tratando de ayudarles a mejorar con el fin de alcanzar su potencial. Para esto utilizo metodologías de mejora de procesos. Sucede que cuando voy a estas organizaciones veo una gran cantidad de profesionales trabajando muy, muy duro pero a la vez demasiado frustrados con la rutina. Así que les pregunto lo siguiente: En tu semana de 40 horas laborales, ¿cuánto tiempo tienes para ser proactivo y para aplicar lo que has aprendido en tu lugar de trabajo? Por desgracia la respuesta se puede medir en un solo dígito y en ocasiones es cero.

Lo que va a hacer el Lean Manufacturing es proporcionar una manera de encontrar esas horas de actividad desperdiciada que están por ahí escondidas como productividad para que puedas utilizar ese tiempo para pensar y alcanzar tu máxima productividad posible. No voy a decirte que este sistema es glamoroso y que está lleno de encanto, sino que es un proceso muy meticuloso para ayudarte a encontrar las actividades que te hacen perder productividad. Esta metodología, utilizada principalmente en la industria manufacturera, ha encontrado 30 por ciento de reducciones en el tiempo que se necesita para satisfacer a los clientes.

Mi pasión ha sido la de aplicar esto a los demás procesos de negocio y también estamos viendo resultados muy prometedores en la aplicación de este sistema a la atención de la salud. Pero algo que me ha llamado mucho la atención es que también estoy viendo estudiantes tomar esta metodología y llevarla a sus hogares para ponerla en práctica en procesos individuales en la oficina y en lo que hacen cotidianamente en sus casas.

Ahora bien, lo que básicamente es el pensamiento "Lean" es muy sencillo: es ver cómo se desarrolla un proceso para satisfacer al cliente. El siguiente paso consiste en eliminar todas aquellas tareas que no agregan ningún valor al cliente y luego, el tercer paso, es mirar con mucho cuidado para encontrar desechos, es decir, actividades que se disfrazan como productividad. En la búsqueda de tu potencial humano, el cliente que está en primer lugar eres tú, y lo primero que debes hacer es tratar de eliminar aquellas cosas que son incongruentes o que no agregan valor para ti. El siguiente paso es hacer lo que voy a describir a continuación: Eliminar los siete desperdicios que se disfrazan como productividad y ver cómo podemos reducirlos utilizando contramedidas de ajuste.

El primer residuo son los inventarios. Ahora, no voy a decirte que pases tiempo limpiando tu garaje o desempolvando el armario, aunque sabes que deberías hacerlo. Estoy hablando de las cosas que has iniciado y nunca has terminado, proyectos que empezaste sin haber completado. Lo que pasa es que siempre nos mantenemos con más y más proyectos que no completamos porque tenemos dentro un elevado índice de utilización que nos hace que creamos que si nos mantenemos ocupados cada minuto del día seremos más efectivos. Pero esta alta tasa de utilización realmente no es eficaz y tampoco es el objetivo del potencial humano. Lo que sucede es que comenzamos estos proyectos en los que nos mantenemos ocupados mientras que tenemos que esperar por más información o esperamos a que alguien nos de algún dato y luego empezamos otra cosa, emprendemos algo más, y luego otro proyecto, y después abordamos otra cosa. Pero llega un punto de inflexión que se da cuando administramos esos nuevos proyectos en lugar de hacer algún progreso en cualquiera de ellos.

De manera que lo que tenemos que hacer es dar un paso atrás y pensar qué es lo que el pensamiento "Lean" nos diría en un entorno de fabricación que se aplicaría al potencial humano.

Necesitas encontrar un cubo de proyectos en los que puedas trabajar y descubrir cuál es el número óptimo de proyectos en los que puedes trabajar al mismo tiempo. Pueden ser unos cuantos más para diferentes personas, o tal vez menos, pero encuentra cuál es la cantidad correcta para ti y decide no exceder ese límite.

Entonces, solamente cuando terminas algo que había en ese cubo lo puedes sacar fuera y recién después traer el próximo proyecto que tienes. Lo creas o no, tus proyectos se completarán mucho más rápido si trabajas en ellos de a poco cada vez. Esto es implementar la ley de Little.

El segundo desperdicio con el que debes tener cuidado es la transportación. En la transportación de una planta de fabricación no trasladas solamente el producto, sino también la información. El problema aquí es la metodología que utilizamos para mover esa información ya que utilizamos el correo electrónico. Y lo que sucede con los correos electrónicos es que nos convertimos en adeptos a ellos, pues tratamos de ser eficientes, pero no lo hacemos de manera efectiva. Queremos ser muy rápidos con los correos electrónicos y sucede que enviamos correos tan cortos que las personas a las que se los enviamos piensan que tenemos pensamientos tan cortos como los emails que enviamos. Cuando no enviamos pensamientos completos, eso hace que recibamos como respuesta otro correo electrónico, lo que a su vez produce un juego de ida y vuelta, similar al juego de tenis de mesa pero solo de emails enviados y recibidos.

Una profesora del MIT, Sherry Turkle, ha escrito un libro llamado "Solos y acompañados: ¿por qué esperamos más de la tecnología y menos el uno del otro?" (Alone together: why we expect more from technology and less from each other? New York: Basic Books, 2011), en el que habla acerca de cómo leemos nuestros e-mails, o cualquier tipo de comunicación, al punto en que no hacemos preguntas que nos quitarían tiempo, porque todo lo que queremos realmente son respuestas rápidas, como si la velocidad fuera más importante que el contenido. Ahora bien, existen otras personas que envían e-mails realmente largos que nos dejan preguntándonos: ¿qué es lo que quieren, dónde está lo que necesitan, cómo puedo ayudar a esta persona? O también sucede que pensamos: ahora no tengo tiempo de leerlo, lo haré más tarde. Y luego algunas personas responden a toda la lista que recibió ese correo electrónico para pedir algo que sólo involucra a uno de todos ellos.

Todas estas cosas causan problemas con la forma en que nos comunicamos con el fin de que las tareas avancen. Una buena herramienta del pensamiento "Lean" en cuanto a esto se encuentra en el libro llamado "la revolución del hámster" (The Hamster Revolution: How to Manage Your Email Before It Manages You, Bk Business, 2008) en el cual se menciona la diligencia para aplicarla a tus mensajes de correo electrónico y el protocolo para no sólo mejorar la calidad de los e-mails sino también reducir la cantidad de correos electrónicos hasta en un 20 por ciento.

El siguiente desperdicio es el movimiento. Ahora bien, seguramente no estás moviéndote demasiado en tu oficina o dondequiera que trabajas, a menos que seas un jugador de fútbol o algún otro deporte, pero siempre ten en cuenta que lo que haces es un movimiento mental. Lo que haces constantemente es buscar información en tu mente y muchas veces te encuentras delante de una computadora cuando haces esto. Encuentro que en el trabajo las personas pasan un promedio de treinta veces al día en frente del ordenador en tareas que pueden tardar un minuto o dos.

Eso se traduce en una hora por día, o también en un año de tu vida. Y no sólo perdemos esa hora por día, sino que hay otro movimiento que perdemos. Por ejemplo, de pronto te encuentras buscando un archivo y te preguntas a ti mismo: "¿Dónde está ese archivo? *Espera un minuto, hace mucho tiempo que no he visto ese archivo, oh ¡wow! Aquí está". Entonces llamas a Joe y le dices: "Joe, acabo de encontrar la información que necesitabas la semana pasada... oh... ¿ya no lo necesitas? Pero esto era lo que tú querías... ah.. ¿Ya usaste otra cosa? Bueno, pero la próxima vez que lo necesites recuerda que lo tengo... ok... adiós". Entonces en ese punto vuelves a la actividad que estabas realizando antes de la búsqueda de ese archivo. Observa el hecho de que perdiste esos dos minutos al irte por un camino diferente y luego vuelves al "modo predeterminado": nuevamente vuelves a enviar y revisar tus correos electrónicos, y es así como poco a poco te pierdes con tantos movimientos.*

El pensamiento "Lean" tiene una metodología que puede ayudarte a encontrar las cosas que necesitas cuando las necesitas. El primer paso es clasificar. Así que lo que tienes que hacer es ir a todas las carpetas de archivos y seleccionar las que no necesitas, porque lo que tiene que ocurrir es que debes primero encontrar lo que no es necesario para que luego puedas obtener lo que realmente necesitas. Para esto debes crear una carpeta en tu equipo y separarla de las demás. Échale un vistazo a todos esos nombres que son muy parecidos y traslada todos esos a la carpeta que acabas de crear. Luego mira las fechas de los archivos, de seguro encontrarás archivos tan viejos que ya no los necesitas. O tal vez sí, y lo acabas de encontrar. Pero si no lo necesitas, muévelo a la nueva carpeta de cosas innecesarias. Luego empieza a clasificar por tamaño.

También haz lo mismo con ese video chistoso que pesa diez megabytes y que te enviaron hace tres años, probablemente ya no lo necesita más. De esta manera ya no es necesario buscar lo que necesitas dentro de archivos que no son necesarios. En algún momento los puedes grabar en un CD, transferirlos a un disco duro externo o simplemente borrarlos.

Otra cosa que necesitas hacer, y este es el segundo paso, es poner todo en orden. He tratado de muchas maneras diferentes averiguar sobre cómo sería la mejor manera de organizar un ordenador y encontré que el libro "The Hamster Revolution" habla sobre un sistema llamado COTA. Todos tenemos clientes (clients), internos o externos. Todos tenemos un producto (outputs), producimos algo de valor para los demás. Todos tenemos un equipo (team) con el cual trabajamos, y todos tenemos tareas administrativas (administration). Si utilizamos estas cuatro categorías y luego las rellenamos con ellas serás capaz de encontrar las carpetas mucho más rápido.

Pasemos ahora al siguiente desperdicio, y ése es esperar. Todos desperdiciamos tiempo esperando. Estamos a la espera de aprobaciones, en espera de decisiones, en espera de información y así sucesivamente. La metodología "Lean" te enseña cómo llegar a través de estos períodos sin esperar demasiado, o de reducirlos o incluso eliminarlos por completo cuando se trabaja en equipos. Uno de los grandes problemas cuando estamos esperando es que mientras lo estamos haciendo comenzamos otro proyecto y lo ponemos así al inicio de nuestra lista. Así que lo que hay que entrenarse para hacer es lo siguiente: mientras estás esperando aprende a pensar. O tal vez otra cosa que puedes hacer es reorganizar el equipo durante los tiempos de espera. Pero no saltes inmediatamente a poner en marcha el próximo proyecto.

El próximo desperdicio son los defectos. Éstos causan un montón de problemas y a menudo son muy incómodos. Cuando colaboramos en alcanzar nuestro potencial humano transmitimos defectos a otras personas y luego hay una gran cantidad de retrabajo, y ese trabajo es el que lleva mucho tiempo. El problema no es que no somos lo suficientemente inteligentes o que nos falta entrenamiento, el problema es que vivimos con tanta complejidad en la multiplicidad de lo que estamos haciendo que nos olvidamos de las cosas.

Los errores que cometemos no son realmente malos juicios, sino en su mayor parte un problema de olvido. Así que un buen sistema de ajuste te proporcionaría una ayuda de referencia con una lista de verificación, con el fin de ayudarte a recordar incluso estas cosas para evitar todo el retrabajo. Atul Gawande escribió un libro llamado "The Checklist Manifesto: How to Get Things Right", en el que habla de cómo puedes escribir tus propias listas de comprobación de tal manera que no sean tan largas como para que nunca las completes, sino que tengan la idea principal con las cosas que son importantes para que no cometas errores. Esta metodología se ha utilizado en la cirugía, por lo que los médicos tomaron los diecinueve puntos de la lista de verificación y después de usar esos diecinueve puntos enumerados se redujo la fatalidad de las cirugías en un 40 por ciento. Así que las listas de verificación realmente nos ayudarán a reducir los desperfectos y el retrabajo que ello genera.

El siguiente desperdicio es el sobre-procesamiento, y esto tiene que ver con manipular más elementos de los que realmente requiere el cliente. Lo que yo interpreto que esto hace en cuanto a limitar el potencial humano es la multitarea, es decir, el intentar trabajanr en diferentes cosas a la vez. En realidad es imposible para el cerebro centrarse conscientemente en dos cosas a la vez, aun incluso las computadoras no pueden hacerlo, simplemente lo hacen tan rápido que no lo reconocemos, pero la cosa aquí es que uno no puede concentrarse en dos cosas al mismo tiempo.

David Crenshaw, quien escribió el libro "el mito de la multitarea", dice que lo que estamos haciendo en realidad no son muchas cosas al mismo tiempo, sino cambiando de una actividad a otra, yendo de un pensamiento a otro, y ese proceso de pensamientos es el que malgasta nuestro tiempo, frenando nuestra productividad y causando errores a lo largo del día. En su libro, David Crenshaw cita un estudio que realizó la Administración Federal de Aviación en la Universidad de Michigan, que dice que la gente que hace actividades conjuntas como por ejemplo revisar su correo electrónico y estar trabajando en un contrato al mismo tiempo, perderá entre veinte al cuarenta por ciento de su eficiencia. El no hacer estas cosas nos permitirá tener más tiempo para desarrollar nuestro potencial humano.

Si tomas estos ejemplos y los aplicas a tu propia vida, te puedo garantizar que aumentará tu productividad. ¿Cuántos de nosotros estamos trayendo más trabajo a casa?, ¿cuántos de nosotros estamos en casa tratando de enviar un correo electrónico importante para el jefe mientras los niños nos piden algo llamándonos y gritando "oye papá"? Les decimos por enésima vez que vamos a estar con ellos en un segundo y luego, en medio de toda la exasperación, de repente presionas la tecla Enter y envías ese correo a tu jefe, al mismo tiempo que gritas a tus niños desaforadamente diciendo: "¿qué es lo que quieren?" Hacer esto simplemente es un error y limita todo nuestro potencial como personas.

El desperdicio final es la sobreproducción. Esto significa que producimos demasiado tan solo por si acaso. Otra de las cosas que hacemos es producir demasiado pronto y cuando hablamos de esto y lo relacionamos con mejorar nuestro potencial como seres humanos, encuentro que trabajamos con las ideas, y a veces, cuando producimos conocimiento demasiado rápido, ese conocimiento se vuelve obsoleto cuando se necesita. Y eso produce un tremendo costo para el mundo del conocimiento, pues nadie desea ideas antiguas en la actualidad.

Ahora bien, te he dado una visión general de Lean Manufacturing en un período de tiempo muy corto, y como te dije anteriormente: no hay nada glamoroso en ello, pero todo es gratis. Todo lo que yo te dije no tomó ninguna inversión de tu parte, salvo algo de tu tiempo. Y creo que siempre será mejor asegurarte de que esa inversión sea a tiempo, cuando el valor relativo es bajo para que recibas el retorno de tu inversión cuando el valor relativo del tiempo sea muy alto. Quiero agradecerte mucho por tu tiempo y buena suerte en tu viaje hacia optimizar el potencial humano, el mundo podría realmente necesitarlo".

Escoge tu prioridad: simplificar operaciones, mejorar la productividad, eliminar el desperdicio. El Lean Manufacturing puede ayudarte con cualquiera de estos.

3
Cómo implementar Lean Manufacturing paso a paso

Si estás pensando en echar un vistazo real a la manera en que operas, funcionas y planeas mejorar utilizando herramientas "Lean", te dejo a continuación unos pasos a considerar para tu negocio en el proceso de LM:

Paso 1: Liderazgo y Compromiso

Defender y apoyar el esfuerzo desde arriba es esencial. Los que toman las decisiones tienen que respaldar lo que se planea y apoyar visiblemente la mejoría en los esfuerzos y los proyectos. Sin este apoyo, las compañías a menudo vuelven a los viejos hábitos, y el cambio sostenido no será posible ni tampoco factible. La visión y dirección tiene que venir desde la Dirección General.

Paso 2: Educar y Fortalecer

Recopilar conocimiento, aprender cómo funciona y cómo practicar el Lean Manufacturing. Entrenar los fundamentos, incluso utilizar libros, consultar y pedir consejos a otras empresas que estén implementando y experimentando con el modelo ajustado pueden ayudar bastante. Existen también cursos de dominio público, entrenamientos formales y certificaciones.

Hay programas de entrenamiento ofrecidos por Asociaciones de Lean Manufacturing alrededor de los Estados Unidos, así como también "Lean 101".

Es una prioridad educar y fortalecer, dar a las personas las herramientas que necesitan, crear la conciencia de ajuste, introducir y utilizar un par de herramientas a la vez durante un par de semanas o meses. También se puede hacer un despliegue completo y coordinado o lanzar un proyecto con planes y recursos. Cualquiera de estas opciones es factible, dependiendo de las necesidades de tu organización y qué tan a fondo sientes que necesitas llegar.

Paso 3: Hacer Las Cosas Visibles Para Todos y Practicar la Responsabilidad

En este paso hay que entender los procesos, las causas y los efectos, realizar un análisis de la causa y ser consciente de los desperdicios, como así también del largo camino que hay que transitar para cosechar los primeros frutos y ganar recompensas de inmediato. Intenta rastrear la fuente desde donde se da el desperdicio.

Simplemente camina alrededor de tu base de operaciones, y detecta dónde y cómo se está produciendo el "desperdicio", ya sean productos defectuosos y desechados, basura en el piso, áreas atascadas, etc. Este puede ser un gran primer paso. Rastrear y detectar cómo llegó ahí, que tan severo es el problema, (páginas por día, desperdicio y sobras removidas, número de unidades defectuosas versus costo).

Cualquier medición y rastreo activo eleva la conciencia del potencial de los problemas y sus fuentes, ayuda a implementar soluciones creativas y a aprovechar recursos de trabajo para ahorrar dinero. Todo esto se puede lograr sin la necesidad de haber implementado realmente una herramienta formal de ajuste.

Esto puede fácilmente crear después una técnica poderosa y también una base general o plataforma para detectar atascamientos, exceso de inventario e inclusive flujo descontinuo. Herramientas más avanzadas servirán para lidiar y reforzar estos problemas más adelante. Involucrar al personal en estos procesos te da la gran oportunidad de motivar y movilizar a toda tu fuerza de trabajo. Imagina a todos trabajando y ahorrando para hacer más dinero, que es para lo que fueron contratados en primer lugar.

Paso 4: Actividades de Mejora Enfocadas y Herramientas de Ajuste Avanzadas

En este paso se detectan los procesos más grandes de tu negocio. Identifica todas las fuentes de desperdicio, prioriza las áreas en las que deseas enfocarte primero: donde está la máxima ganancia con el mínimo esfuerzo. Este es siempre un buen lugar para comenzar. Enfócate en el área, los problemas, los procesos, analiza y piensa en cómo se puede mejorar. Pon en marcha las mejoras y asegúrate de que no vuelva a fallar; mantenerla en control debe ser una prioridad. Planea la sustentabilidad mediante un proyecto o gran proceso, y haz que tus empleados se involucren y tomen responsabilidad.

Algunas de las mejores historias, promesas y oportunidades se basan en el hecho de que LM une efectivamente a un grupo de individuos y personas que trabajan juntas en un proceso típico, tal vez incluso de otras áreas de operación. Esta nueva manera de hacer las cosas combina sus talentos y se enfoca en un tema o área de problema particular.

Después define y rastrea la situación actual, el costo, desperdicio (punto de referencia y diagnóstico), e impone objetivos claros para cambiar y hacer las cosas mejor. Estas pueden ser métricas o metas inteligentes impuestas, medidas en términos de tiempo de espera, pasos en los procesos, tiempos de ciclo, espacio en el piso, inventario y otras métricas. El margen de tiempo para las mejoras son impuestas y el grupo celebra los resultados junto al éxito obtenido.

Paso 5: Ver Más Lejos y Más Allá

LA te habilita como individuo, colectivamente y como organización/empresa para obtener un impulso de renovación y una mejora continua (lo que en LM se refiere normalmente como Kaizen – la búsqueda de mejoras continuas y perfección, una norma de orden).

4
Las 5s y Cómo Implementarlas

Algunas de las herramientas de ajuste que pueden ayudar en los procesos son:

- 5S

- Fabricación Esbelta

- Prueba de Errores

- Reducción de Tiempos

Una herramienta básica y fundamental en Lean Manufacturing que puede ayudar en cualquier negocio son las "5S". El mismo es un método de organización y estructura técnica para deshacerse del desorden y el desperdicio. La limpieza, el orden y el tener un lugar dispuesto para cada cosa es clave para el éxito de cualquier emprendimiento.

Los nombres en japonés y su significado equivalente son los siguientes:

- Clasificar las cosas (Seiri)

- Ordenar las cosas en orden particular (Seiton)

- Sanear y Limpiar diariamente (Seiso)

- Estandarizar (Seiketsu)

- Sustentabilidad (Shitsuke)

Incluyo también a continuación un cuadro donde podrás ver los significados en japonés, español e inglés:

Los resultados de un programa 5S se pueden resumir con la frase:

"MANTENIMIENTO DEL ORDEN Y LA LIMPIEZA EN EL PUESTO DE TRABAJO".

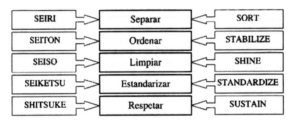

SEIRI	Separar	SORT
SEITON	Ordenar	STABILIZE
SEISO	Limpiar	SHINE
SEIKETSU	Estandarizar	STANDARDIZE
SHITSUKE	Respetar	SUSTAIN

Veamos a continuación qué son cada una de estas técnicas y qué involucran:

1. **SEIRI** (Separar). Apartar las cosas útiles de las inútiles, con esto buscamos eliminar lo inservible.

2. **SEITON** (Ordenar). Colocar las cosas útiles de forma tal que todas las personas en el área de trabajo entiendan cuál es su lugar.

3. **SEISO** (Limpiar). Efectuar una "limpieza inteligente" del puesto de trabajo. Redefinir las

condiciones operativas óptimas del puesto.

4. **SEIKETSU** (Estandarizar / Comunicar). Comunicar el estándar y las condiciones operativas a todo el mundo de la manera más simple posible.

5. **SHITSUKE** (Respetar). Respetar los estándares para mantener y mejorar las condiciones definidas.

Veamos ahora cuáles son los objetivos principales de las 5s:

Los principales objetivos de las 5S son:

✓ Utilizar de forma óptima el espacio disponible.

✓ Reducir los errores y los defectos.

✓ Reducir las paradas y el desgaste de las máquinas e instalaciones.

✓ Reducir el tiempo de búsqueda de materiales.

✓ Reducir los traslados de material.

✓ Mejorar el control del proceso.

✓ Definir y asegurar el cumplimiento de los estándares de operación.

✓ Crear en las personas el hábito de mantener su puesto de trabajo ordenado y limpio.

✓ Gestionar "a la vista" la producción.

✓ Hacer el puesto de trabajo más ordenado y, por tanto más seguro

La metodología de las 5s surgió en los años 60 de la mano de Toyota, en un entorno industrial y con el propósito de obtener lugares de trabajo mucho mejor organizados, más limpios y mejor ordenados de forma permanente, con el fin de conseguir un mayor rendimiento y un entorno laboral sobresaliente.

Las 5s se basan en gestionar de forma sistemática los

elementos y materiales de un área de trabajo específica de acuerdo a cinco etapas preestablecidas, las cuales son conceptualmente muy sencillas, pero que demandan esfuerzo, monitoreo constante y perseverancia para mantenerlas. Para ilustrar cómo implementar cada fase, imaginemos a nuestro amigo el cocinero en su ámbito de trabajo, una cocina, un lugar con el que todos estamos familiarizados.

Primero que todo hay que separar los innecesarios. En la primera "s" eliminamos todo aquello que no es necesario en el puesto de trabajo y nos aseguramos de disponer de todo lo que realmente se necesita. Si hay platos sucios hay que lavarlos. Si los elementos están fuera de su lugar, hay que ordenarlos. Aquí entra en juego la segunda "s", que establece que hay un lugar para cada cosa. Se sitúa cada cosa en su lugar y así identificamos claramente todos los elementos y materiales del área.

Suprimir suciedad: se identifican y eliminan los focos y fuentes de suciedad y se ejecutan las acciones necesarias para que no vuelvan a aparecer. En este caso, el cocinero saca la basura a la calle y limpia la cocina y sus alrededores.

Señalizar anomalías. Con la cuarta "s" ponemos elementos de control para detectar situaciones irregulares o anómalas. Puede ser que la puerta del refrigerador no cierre muy bien o que un cajón de utensilios esté trabajo.

Con la última "s", seguir mejorando, aseguramos el mantenimiento y mejora de las 5s a lo largo del tiempo. La implantación de cada una de las cinco veces se lleva a cabo siguiendo cuatro pasos:

En el primer paso, la preparación. Estudiamos y nos formamos con la metodología. Se aprenden los conceptos y se planifican las actividades. En el segundo paso, pasar a la acción, saldremos de casa, lo que a nuestra metodología llamaremos "safari", para buscar e identificar innecesarios, suciedad, etcétera. En el tercer paso se debe analizar y también decidir en equipo las propuestas de mejora que a continuación deben ejecutarse. En el cuarto paso hay que documentar todas y cada una de las conclusiones que se han establecido en los pasos anteriores.

Aunque no solemos ser conscientes de ello, en las organizaciones suele haber muchos más elementos y materiales de los que necesitamos realmente, por eso, en esta primera etapa de las 5s, separar innecesarios, nos concentramos en identificar aquellas herramientas que realmente necesitamos para hacer el trabajo y nos deshacemos de todo lo demás, pues lo que sobra es innecesario. De forma genérica podríamos decir que son necesarios aquellos elementos o materiales que sin ninguna duda vamos a necesitar próximamente. En el caso de nuestro cocinero amigo, estos materiales son los cuchillos, tablas y ollas para cocinar. Y son innecesarios aquellos que no tenemos previsto utilizar en un futuro cercano, por lo tanto, en esta primera "s", lo primero que debemos determinar en equipo son las definiciones de necesario e innecesario, siendo realistas y prácticos. Estas definiciones serán la base con la que saldremos de safari a identificar los elementos necesarios e innecesarios, etiquetándolos claramente y analizando la causa de su aparición: basura, duplicados, elementos sin utilidad, etc. Deberemos ser críticos y conservar únicamente aquello que realmente necesitamos.

Tras el safari, decidiremos en equipo qué hacer con los innecesarios identificados: ¿tirarlos, venderlos, reutilizarlos, regalarlos? Es decir que al final de esta fase se habrán eliminado los obsoletos y duplicados, se evitará comprar elementos de los que ya se dispone, se aprovechará mejor el espacio y se reducirá la sensación de desorganización.

Tras seleccionar en la primera "s" lo que realmente es necesario en nuestra organización, en esta segunda fase decidimos tanto su ubicación como su identificación. La regla general es la siguiente: un lugar para cada cosa y cada cosa en su lugar. Los elementos que ya hemos considerado como necesarios en la fase anterior deben ahora estar disponibles y muy próximos al lugar de trabajo, por lo que al decidir los criterios de ubicación será necesario considerar su frecuencia de uso, las personas que los utilizan, ergonomía y accesibilidad, la forma y peso de los elementos, etc. Además, esta segunda "s" supone aplicar un nombre para cada cosa y cada cosa con su nombre, por lo que todo deberá estar claramente identificado: equipos, materiales, herramientas, documentos y demás. La identificación debe ser clara y evidente mediante señales, carteles y etiquetas. En esta segunda "s" saldremos de caza por la organización y realizaremos el safari 5s para detectar las necesidades de ubicación e identificación, recordando en todo momento que no debe haber nada directamente sobre el suelo, que se debe adecuar el contenedor al contenido y mejorar la accesibilidad, y que hay que estandarizar recipientes y disponer de stocks ajustados e inventarios actualizados.

La suciedad en nuestros puestos de trabajo disminuye notablemente la motivación, aumenta los riesgos, confunde los procesos operativos de trabajo, y puede llegar a ser un obstáculo cuando queremos asegurar la calidad de nuestros productos. No es más limpio quien más limpia, sino quien menos ensucia. El objetivo de esta tercera "s" es el de asegurar y mantener la limpieza en el espacio de trabajo, lográndolo al eliminar las fuentes de suciedad: roturas, derrames, fugas, zonas de acumulación de materiales y documentos, etc.

Es momento de implementar los mecanismos adecuados para detectar anomalías y distinguir de forma evidente la situaciones normales o regulares de las irregulares, o dicho de otra forma, señalizar desviaciones del funcionamiento correcto a simple vista. No nos referimos únicamente a la maquinaria, sino a todos los elementos y materiales del área, especialmente aquellos en los que existe un cupo de entradas y salidas, materia prima, fluidos, consumibles, equipos y maquinaria, herramientas y accesorios.

La última fase de la implantación de las 5s es probablemente la más importante, ya que permite mantener todos los logros obtenidos en las cuatro "s" anteriores. Su objetivo es afianzar los nuevos hábitos de trabajo y actuar con disciplina para evitar la vuelta a la situación anterior. La herramienta principal de esta fase es la auditoría 5s, un examen periódico con el que se comprueba el cumplimiento de lo hasta ahora implantado.

Veamos algunos ejemplos concretos. El Bussiness Operation Management, un grupo consultor, compartió los siguiente casos reales en un estudio publicado en su sitio web. En las siguientes dos imágenes veremos un antes y un después aplicados a un puesto de trabajo.

Antes 5S

Después de 5s – Cajones limpios, organizados y etiquetados

A continuación veremos las 5s aplicadas esta vez a una oficina administrativa.

fueron pintadas con el color amarillo. Esto hace que los pasillos estén desocupados y también ayuda a incrementar la visibilidad de todos los elementos.

Poniendo en práctica estas simples pero poderosas técnicas en tu negocio desde hoy puedes recortar los costos y reducir todos los desperdicios.

Cómo implementar las 5s

Veremos a continuación cómo poner en práctica estos cinco métodos.

1. **SEIRI** (Separar). El principio aquí es mantener solo las cosas estrictamente necesarias en el puesto de trabajo. Se deben separar los elementos útiles de los que no lo son y separar lo innecesario. El propósito de esta actividad es eliminar las cosas inútiles que puedan estorbar la producción. Para lograr esto es aconsejable separar los elementos en tres grupos, según la asiduidad con la que se los utilice. El grupo uno está conformado por elementos o herramientas de uso frecuente. El grupo dos son elementos utilizados esporádicamente pero que todavía son necesarios. Finalmente, el grupo tres está conformado por todos aquellos materiales que son inútiles para el trabajo en cuestión.

En este punto puedes tomar una fotografía. Luego de hacer esta separación, hay que identificar un área para poder colocar las "tarjetas rojas". Estas tarjetas deben colocarse en todo material que no se utiliza todos los días. Los elementos marcados deben retirarse al área 5s y determinar qué lugar ocuparán las herramientas y los equipos que si bien no son utilizados cada día, son necesarios.

41

Aquí también puedes tomar otra foto y compararla con la foto anterior. Verás la diferencia y habrás documentado el resultado.

Aquí un diagrama de flujo para la clasificación:

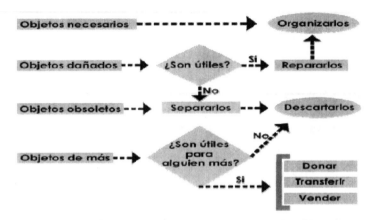

2. **SEITON** (Ordenar). En esta etapa del proyecto nos ocuparemos de colocar las cosas útiles de forma tal que todas las personas en el área de trabajo entiendan cuál es su lugar. El orden determinado por esta fase facilita la búsqueda y la utilización de los elementos de trabajo. Es importante que al finalizar el trabajo, el usuario vuelva a colocar las herramientas en el lugar original.

Una manera fácil y rápida de poner esta técnica en práctica es con el siguiente cuadro. Como lo mencioné anteriormente, uno de los criterios más prácticos es por la frecuencia de uso:

Frecuencia de uso	Normas
· Baja: Una vez al mes	· Almacenar en un lugar lejano
· Media: al menos una vez por semana	· Almacenar en un lugar accesible
· Alta: al menos una vez al día/ turno	· Almacenar cerca del lugar de trabajo

Es muy útil hacerse las siguientes preguntas para cada herramienta de trabajo:

> ¿Se puede eliminar o reducir el número?
>
> ¿Está en la posición más cómoda para su uso?
>
> ¿Está conservada óptimamente?
>
> ¿Se coloca en su sitio cada vez que se utiliza?

Es importante recordar que cada uno de los materiales debe guardarse en la cantidad apropiada. Con respecto a esto, pueden ayudar las siguientes preguntas:

> ¿Está estandarizada la cantidad de materiales?
>
> ¿Están estandarizados el aprovisionamiento, la recogida y el desplazamiento de los materiales?
>
> ¿Los contenedores, el almacenamiento y el desplazamiento de los materiales están hechos en modo de preservar la calidad?
>
> ¿Los materiales defectuosos están ubicados en áreas adecuadas indicadas debidamente?

3. **SEISO** (Limpiar). En esta fase nos comprometemos a realizar una "limpieza inteligente" del puesto de trabajo, como así también de la maquinaria e instalaciones que lo comprenden. Esto ayuda a redefinir las condiciones operativas óptimas del puesto. Como también mencioné anteriormente, no se trata solo de higienizar nada más, sino de realizar esta actividad con un enfoque claramente preventivo, es

decir, evitar que vuelva a ensuciarse.

Para poner en práctica esta técnica, debemos primero definir cómo queremos trabajar. Las condiciones óptimas de funcionamiento deben ser establecidas antes de comenzar. Luego se lleva a cabo una limpieza a fondo de toda el área, prestando atención a posibles focos de suciedad (pérdidas de agua, polvo, etc.) y buscar la solución. Luego de la limpieza se pueden puntualizar los estándares operativos y de mantenimiento. Aquí entra en juego un programa de limpieza diario, el cual puede incluir un cuadro de actividades de limpieza.

4. **SEIKETSU** (Estandarizar / Comunicar). Comunicar el estándar y las condiciones operativas a todo el mundo de la manera más simple posible. Los empleados deben saber cuáles son las normas de trabajo comunes para poder diferenciar anomalías cuando estas aparezcan. El objetivo de esta fase es asegurarse de que todo lo incorporado anteriormente en las tres "s" esté funcionando correctamente. El método debe ser consistente.

En este punto se puede elegir a un responsable de área para que supervise el estado de las otras "s" y su desarrollo. Para esto ayuda tener un cuadro con ciclos de trabajo en los cuales uno pueda ver quién, dónde, cuándo y cómo se están ejecutando las actividades.

Aquí es donde se implementan señales visuales, mapas de flujo, gráficos de procesos, etc.

5. **SHITSUKE** (Respetar). El principio de esta fase

consiste en mantener activo los estándares definidos en las fases anteriores. También se evalúan los resultados con el fin de mejorar constantemente. Para esto es necesario una lista de verificación que sirva de guía. ¿Cómo ponerla en práctica? Como primera medida hay que definir qué parámetros su usarán para evaluar, y luego se necesitan hacer visibles todos los resultados obtenidos. A continuación enumero algunas buenas ideas para la implementación del Shitsuke.

Eslóganes y pósteres 5S. Muy útiles para comunicar los temas a tratar en el inicio de una campaña de 5S en la organización.

Paneles de historia y muestras de fotografías 5S, donde se muestren el antes y el después de la implantación de las actividades y los beneficios logrados.

Boletines 5S, acompañados de información relevante sobre el estado de avance de los proyectos de mejora relacionados con la implantación de una política 5S.

Mapas 5S, donde se puedan situar tarjetas de sugerencias adheridas para que los empleados puedan sugerir mejoras.

Manuales 5S (recomendable de bolsillo), con definiciones y descripciones de las actividades implicadas en cada una de las fases de la implantación de las 5S.

El Lean Manufacturing, o también llamada fabricación esbelta, se refiere a organizar, no solamente el lugar de trabajo sino el trabajo mismo. Se trata de optimizar las células de trabajo, las áreas designadas de trabajo y también los espacios para ciertas actividades. Te ayuda a minimizar el movimiento de las personas y las cosas, y por ello cuesta menos. En un sentido operacional esto significa que ya no hay no agrupaciones, esperas, retrasos, ni tampoco filas que demoren los procesos, sino que existe solo una operación fácil y fluida.

5
Más Herramientas Lean

Prueba de Errores (Poka Yoke)

Este método se basa en la seguridad incorporada para reducir los defectos a cero. La clave de este método es resaltar los problemas en el momento que ocurren para no permitir que los errores y descuidos se cuelen. Los procesos están diseñados alrededor de este principio para que sean más efectivos y ayuden a tu negocio a reducir costos, desperdicios y chatarra.

SMED

Otro método que se puede implementar es el SMED (siglas en inglés para cambio de herramienta en un solo dígito de minutos). Los cambios rápidos en los procesos de un negocio, manufactura y operaciones son esenciales. Recuerda que el tiempo y la calidad importan, ¡significan dinero! El pensamiento del proceso es la clave de esto. Deshacerse de pasos innecesarios, acciones o movimientos es la clave para lograrlo. Reducir el tiempo en cualquier ámbito de producción ahorra dinero.

Hay mucho más en Lean Manufacturing y las dos herramientas vistas anteriormente son sólo un ejemplo. Estas sirven como una introducción para enseñar solo algunos de los grandes beneficios que LM puede traer a tu organización o negocio.

Mejorar la calidad e incrementar la rapidez en el índice de entregas son la prioridad de cualquier compañía. Se trata de mantener a los clientes felices. LM te ofrece las herramientas para hacer esto práctica, rápida, sencilla y consistentemente.

No puedes cambiar algo si primero no sabes que está mal, así que lo primordial y principal es reconocerlo. El Lean Manufacturing te brinda los recursos y la conciencia para "tomar nota" y darte cuenta de las cosas a tu alrededor (costo, desperdicio, movimiento, desorden, chatarra, etc.) y luego hacer algo real, significativo y constructivo al respecto.

Qué mejoras se deben y pueden hacerse son dos preguntas importantes; prioriza y actúa según esto. Las prioridades de los clientes y cosas que afecten tus ingresos deben de ser atendidas rápidamente y antes que todo lo demás. Elementos como la calidad, el control, la espera, los ciclos de tiempo, costos, inventario y procesos internos que afecten a los consumidores y que son controlables deben ser atendidas oportunamente.

Veamos a continuación otro caso de éxito, esta vez presentado por Roberto Corral y Ramón Martos, a cargo de The Flow Factory.

Este grupo consultor ayudó a Goma-Camps, fabricantes de papel tisú y productos de higiene profesional, a optimizar sus procesos para así mejorar su productividad. Esta empresa está dedicada a la fabricación de papel desde el año 1758. Produce más de 90.000 toneladas de papel tisú por año. Tiene fábricas en dos países: Portugal y España, y también posee una distribuidora en el sur de Francia. Emplea a más de 425 personas globalmente.

El problema principal se encontraba en el proceso de pedidos. La satisfacción no era muy buena.

Los directivos de la firma expresaban lo siguiente: "No tenemos indicadores fiables, aun así sabemos que existen retrasos y errores con bastante frecuencia. Cuando llama algún cliente para hacer un reclamo no hay una atención centralizada. Esto hace que al cliente se lo vaya derivando de un departamento a otro. Tenemos cuantiosos problemas por rotura de stocks. Además no existe un procedimiento de prioridades que nos permitan reaccionar de manera eficiente. Tenemos a los equipos de Logística y a los de Comercial totalmente desconectados entre sí. Cuando algo sale mal, está esa actitud de pasarle la pelota al otro y echarle la culpa."

Para comenzar a solucionar estos problemas se hizo un completo rediseño de todo el proceso de pedidos, apuntando siempre a la satisfacción del cliente.

He aquí un cuadro que explica el proceso:

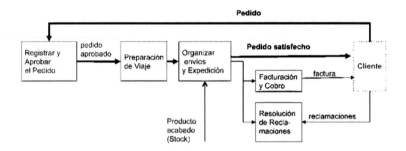

Se realizó también un mapa de procesos con los sistemas actuales y en base a esa información se creó un mapa de los procesos como deberían estar funcionando.

Los resultados obtenidos fueron los siguientes:

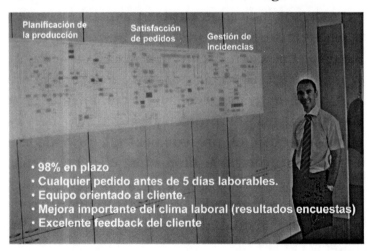

En el siguiente cuadro vemos los resultados obtenidos en cuanto a la satisfacción del cliente. El porcentaje de los clientes que dijeron estar muy satisfechos han puntuado el servicio con ocho, nueve o diez, en una escala que va del uno al diez:

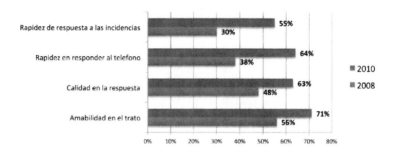

Algunos de los ingredientes que fueron clave:

1. Estudio profundo para la implementación del sistema. Todos los directivos se formaron y analizaron profundamente el método para luego educar a los empleados.

2. Análisis continuo de las mejoras implementadas y monitoreo de las mismas.

3. Implementación de las 5s.

4. Reorganización de las tareas pensando en el cliente y en zonas geográficas. Contrario a como estaba dispuesto anteriormente basado en tareas como la recepción, la preparación, envíos, etc. También se asignó un jefe de ventas para cada cliente, de manera que siempre trata con la misma persona cuando necesite gestionar sus pedidos.

5. Liderazgo calificado y gente comprometida.

En definitiva, para esta empresa fueron rediseñados cinco procesos: previsión de ventas, satisfacción de pedidos, planificación de la producción, presupuestos

51

anuales y reclamaciones. Todos con un éxito medible y con logros probados.

Para ayudarte a empezar, el hacerte cierto tipo de preguntas adecuadas puede darte las claves de con qué estrategia y prioridad comenzar. Por ejemplo:

- ¿Qué proceso o paso debe tener el peso completo de nuestra atención inmediata –dónde se encuentra la mayor oportunidad de beneficios para ambos, los clientes y la compañía?

- ¿Cuáles son las son las prioridades a las que debemos poner atención en esta organización/negocio y operación? Traza el proceso y haz una lista. Después pregúntate, ¿en qué orden se deben afrontar las prioridades?

- ¿Cómo se puede llegar a lograr el mejor progreso más rápidamente? ¿Cómo aprovechar los beneficios de LM lo antes posible?

Si te das cuenta que reducir los gastos generales, costos e inventario para ahorrar dinero, y ser efectivo en la relación producción-costo es la clave para el éxito de tu operación, entonces LM te puede ayudar en todos los aspectos de estas áreas.

Implementar en la práctica la teoría de LM requiere de planeación, paciencia y persistencia. Determinación, atención a los detalles y disciplina son también imprescindibles. Comúnmente se conocen como las tres "P's" y las tres "D's" para que sea más fácil recordarlas. Se trata de hacer un esfuerzo gradual, planeado y enfocado. Es esencial aplicar instrucciones y acciones paso-a-paso para lograr mejoras que con el tiempo se sostengan, y que sean predecibles y estables.

Si cualquiera de los siguientes escenarios son importantes para tu negocio, LM puede ayudarte a alcanzar objetivos y metas que te has impuesto a ti mismo, a tu equipo y a tu negocio en las siguientes áreas:

- Incrementar el margen de operaciones y ganancias brutas

- Reducir tiempo de fabricación, de espera y de ciclos

- Disminución de WIP (productos a medio terminar), ¡tiempo y espacio significa dinero! Reducir costos.

- Reducir los costos de calidad y fabricación en general

- Incrementar el margen de ganancias brutas

- Brindar a los clientes lo que desean, en el momento que lo quieren, a cualquier hora, rápida, y económicamente con tan solo pedirlo

- Lograr calidad consistente, y un índice bajo de producto defectuosos (chatarra/desperdicio)

Pon y mantén tus procesos bajo control e intenta mejorar todo el tiempo. Posiciónate arriba de las masas y la mediocridad. Ayuda a definir y ejecutar tu ventaja competitiva mediante la utilización gradual de LM en tu negocio, y ¡estarás listo para recibir las recompensas y el éxito que estabas buscando!

Pensamiento Lean para Atención al Cliente

Escuchar las quejas de tus consumidores te puede dar una pista acerca de dónde se encuentra el problema. Esto puede tener un impacto real y mensurable que resultará en mejoras dramáticas en tu negocio. ¡Nunca dudes en preguntarles! Ellos te lo dirán. Es una gran oportunidad y un excelente canal de comunicación. Procura que tus clientes sepan que lo que ellos desean, digan y necesitan, sí importa. Si tu negocio mantiene este nivel de respuesta, tendrás éxito, no solo ahora, sino también en el futuro.

Los procesos lentos e ineficientes, productos incompletos o simplemente sentarse alrededor esperando que las cosas sucedan cuestan dinero. Encontrar las maneras en reducir estas cosas es el desafío y la oportunidad que LM ofrece llevar a tu negocio. Se refiere a esto como a la "fábrica escondida" o los costos invisibles de "hacer negocios". Una vez que fijas un número y estás consciente de ello, te podrás beneficiar con algunas maneras para reducir este número o eliminarlo, agregando a tu balance final y cortar costos y desperdicio. Ese es el propósito del Lean Manufacturing.

Deshacerte de cosas (incluso pasos de los procesos internos, inventario y tiempo) que no agregan ningún valor a tus clientes también es una prioridad. Los costos de los productos de mala calidad, los servicios y los residuos se acumulan con el tiempo y pueden causar la pérdida de la lealtad y el potencial de repetir un nuevo negocio. Controlar estos aspectos te puede ahorrar dinero, tiempo, te asegura calidad, retención de clientes, satisfacción y ¡más negocios!

Los clientes quieren hacer más negocios con proveedores que son confiables, rápidos, económicos, estables y predecibles. Si te fijas objetivos en ciertas áreas de tu negocio y trabajas diligentemente para conseguirlos, los resultados serán evidentes muy pronto, y estos cambios permanecerán y serán sostenibles con el tiempo; al final eso es lo que estás buscando.

¿Cuánto tiempo te toma poner tu producto en las manos de tus clientes: segundos, minutos, horas, días, semanas? Esta es una pregunta importante, pues te hace consciente del proceso. Le fija un número, lo hace visible, mensurable, ¡y te permite hacer algo al respecto! Por ejemplo, te das cuenta que lo puedes reducir a la mitad.

¡Cualquiera y todos los procesos de tu negocio deben ser tratados iguales! Sin excepciones. No solo tienen que ser los procesos de fabricación los que se ajusten o se mejoren. Otros ejemplos pueden incluir: desarrollo del producto, toma de pedidos, diseño, servicio al cliente, recursos humanos y también procesos financieros.

Al tomar este enfoque holístico "general" de mejorar tu negocio en todas las áreas y en todos sus aspectos, estarás agregando valor a tu negocio mientras que al mismo tiempo lo simplificas, y los procesos se vuelven mucho más fluidos, de bajo costo, predecibles y te convertirás en el proveedor que tus clientes prefieren.

Tomar un enfoque analítico de un negocio en cierto modo te abre los ojos a nuevas vías y maneras para crecer y expandirte, te fortalece y posiciona tu negocio para el éxito, es el camino seguro hacia buenos resultados.

Hazte las siguientes preguntas para determinar si LM es una buena idea y tiene potencial para ti y para tu negocio en el área de atención al cliente:

- ¿En dónde se gasta "verdadero tiempo" en tu negocio? ¿Cuánto de este tiempo agrega valor a tus clientes? ¿Vale la pena? ¿Dónde puedes hacer algunos cambios?

- ¿Existiría algún beneficio en tu negocio si intentaras establecer una ventaja competitiva por medio de llevar servicios y productos a los clientes en menos tiempo?

- ¿Qué tipo de rendimiento se puede esperar de los esfuerzos de MA? ¿Cuáles son las ganancias y el potencial?

- Si recortaras gastos de operación, de fabricación, inventario, tiempos de control, de espera y de ciclo, ¿cómo afectaría esto a tu balance final? ¿Cuánto sería el impacto económico semanal, mensual o anual? Estas medidas te pueden ayudar a estimar tu progreso, elevar consciencia y te brinda una nueva perspectiva en cuanto a qué estás haciendo bien en tu negocio y cuáles son las áreas que se podrían mejorar.

- Si reduces tus productos en espera (WIP, por sus siglas en inglés) y tus productos terminados (inventario): ¿cuánto dinero significan para tu negocio? ¿Qué podrías hacer con ese dinero en la mano? (inversión, reducir deudas, nueva maquinaria, publicidad, etc.) ¿Cómo podrían estos cambios y dinero extra brindarte mejores beneficios y hacer crecer tu negocio?

En cualquier utilización de Lean Manufacturing, cambio de dirección e iniciativa de mejora en tu organización/negocio, hay aspectos importantes a los que debes prestar mucha atención:

Algunas de las medidas y beneficios operacionales y económicos que te pueden ayudar a responder algunas de las preguntas de arriba son:

- Margen de operación

- ROIC (taza de retorno del capital invertido)

- EBITDA (beneficios antes de los intereses, impuestos, etc.)

- Facturación de Capital

- Índice y proporción de entregas a tiempo

- Costos de mala calidad

- Cumplimiento de calidad, datos de clientes satisfechos

Si tienes los ojos puestos en el primer lugar de tu industria, la manera de hacerlo es expandiendo el mercado y tus horizontes, incrementar la participación de mercado rápida y confiablemente con ganancias sostenibles.

Existe una regla general, que es el centro de LM: cualquier mejora en tu negocio debe beneficiar al cliente y agregar valor.

Un equipo de mejora en Eurocross Assistance para centros de respuestas a emergencias en Holanda descubrió que el personal tenía diariamente en sus computadoras unas 63 tareas abiertas. En los resúmenes de flujo de trabajo el personal del centro dedicaba hasta un tercio del tiempo para examinar con cuidado sus listas de tareas, por lo que muchas veces se tardaban en responder a los problemas de los clientes.

Las tareas no finalizadas son comúnmente denominadas trabajo en curso o WIP (Work in progress, por sus siglas en inglés), las cuales en el sector de servicios pueden causar demoras con los clientes y aumentar los costos operativos si no se establecen límites. Para mejorar la eficiencia, el equipo implementó un software para los constantes trabajos en curso. Las herramientas de priorización permitieron que solamente aparecieran 15 tareas a la vez en los resúmenes de la carga de trabajo.

Asimismo los gerentes comenzaron a recibir informes diarios de la carga de trabajo, lo que les permitió ajustar los niveles de personal según las necesidades. Después de que Eurocross Assistance redujo sus trabajos en curso las tareas se completaron a tiempo, la satisfacción de los clientes aumentó y se ahorraron más de 700 mil dólares en costos de personal al año.

LM consigue el éxito haciendo del tiempo, la calidad, los problemas de costo y los pasos de principio a fin algo visible y tangible. Le da ojos y oídos a estos procesos; te permite hacer algo significativo e intervenir para hacer las cosas mejor para el beneficio de la compañía y el cliente. Te brinda un propósito, dirección, puntos de referencia y medios prácticos para obtener resultados y cambios efectivos para siempre.

Una operación sin interrupciones, menos burocráticas, ajustadas, simplificadas y procesos efectivos son los que hacen a un negocio exitoso. Esta metodología y pensamiento de negocio en general te ayudará a re-hacer, energizar y formar mejor todo tu negocio. Ahora eres pro-activo y tienes la operación de tu compañía en tus propias manos.

Nunca dejes el éxito al azar o la suerte, sino planea y llévalo a cabo.

Recuerda la regla general del modelo ajustado: ¡los procesos lentos son caros! El Lean Manufacturing te ayuda a acelerar las cosas sin tener que sacrificar la calidad.

Agilidad, adaptabilidad, costos bajos y respuesta son cualidades que un negocio debe tener y necesita desesperadamente casi como prerrequisitos y requerimientos de entrada para hacer negocios en cualquier economía.

6
Lean Manufacturing
para Motivar Equipos de Trabajo

Una de las grandes contribuciones que LM puede traer a tu negocio es lo que se le llama "propósito común, dirección y metas". Esta orientación mutua y el esfuerzo coordinado brindan una dirección común a todos, fomenta el compromiso y la camaradería. Refuerza y construye la organización, conecta a los líderes con los empleados en el área de producción e involucra a todos los empleados, en todos los niveles, para lograr un mejor desempeño consistentemente. Es un principio unificador y motivador que construye y fortalece tus esfuerzos dando resultados más rápidamente y manteniéndolos con el tiempo; el éxito obtenido se mantiene, por así decirlo.

Así que, antes que nada, pregúntate como puede ayudarte LM en tu negocio, considera tus opciones, los pros y los contras de hacerlo o no y toma tu decisión.

Activa y fortalece tu negocio utilizando herramientas de LM para mejorar y reducir costos. Implementa estas herramientas a través de todos los niveles y aspectos que más importancia tienen en tu negocio y cosecharás grandes recompensas rápidamente.

Otros aspectos a considerar para implementar LM en tu negocio son los siguientes:

Liderazgo

La iniciativa y guiar por medio del ejemplo son clave. El principal propulsor y portador de la bandera del proceso de LM empieza con el líder (CEO/Presidente) y el equipo de gerencia. La implicación de esto puede fortalecer o quebrar los esfuerzos de LM.

La interacción práctica, personal, el poner manos a la obra, el compromiso y hasta las recompensas por la participación en estas iniciativas son responsabilidad de los conductores de esta representación, y es imperativo que se realicen para que LM funcione. ¡Inspira y mueve a los demás!

La cultura empresarial corporativa y la infraestructura, el apoyo y defensa de los esfuerzos de manufactura ajustada contribuyen al impulso y éxito de la misma en toda la organización.

¡Haz que todos participen y se incluyan! LM te brinda la oportunidad de hacer uso del talento de toda tu fuerza de trabajo colectivamente. No únicamente unos cuantos empleados, sino todos.

¡Haz a todos sentir importantes, que todos cuenten y

contribuyan!

Si de verdad buscas resultados que perduran y desempeños de alto nivel te presento algunos medios del kit de herramientas de LM que pueden ayudar a esta causa.

Las métricas y los objetivos hacen que las metas sean más fáciles de conseguir ¡Haz que cada aspecto de tu negocio cuente!

Infraestructura, apoyo y utilización

Comparte el compromiso, la disciplina, la persistencia y el esfuerzo para llegar a donde necesitas. ¡Se empieza con todos, no solo con algunos! Ten a tus clientes en mente en cada paso y proceso de lo que hagas. Planea, mejora, reconoce su valor, piensa en cómo llegar a ellos rápidamente, en cómo ser más efectivo, consistente y más económico siempre. ¡Cambia tu enfoque!

El valor de las acciones y el impacto en las ganancias es una buena guía para las prioridades y actividades dentro dl Lean Manufacturing. ¡Las mejoras pueden y deben ser medidas y rastreadas!

Involucra a todos en este proceso, asigna labores, responsabilidades y aprovecha el máximo potencial de tu fuerza de trabajo y lo que cada uno puede aportar. Brindar recursos, tiempo y entrenamiento; lo que es la inversión inicial, se compensará rápidamente. Mueve a tu grupo de trabajo; ayúdalos, fortalécelos y energízalos.

Visión

Hacer todo por los clientes es otra clave. Ellos son tu fuente de ingresos, lo que mantiene las ruedas de tu negocio girando. ¡Hazlo valer! Darle a tus clientes una excelente calidad, ahorrarles tiempo y ofrecerles lo que desean cuando ellos lo necesiten te hace tener éxito. Por este motivo reducir la variabilidad es esencial. Sé consistente, predecible y confiable como productor/proveedor/socio de negocios y haz de lo que ellos necesitan una prioridad. No te enfoques únicamente en reducir los defectos, también aprende por qué lo haces y cómo agrega eso valor a tus clientes.

Todos en tu negocio deberían entender este proyecto en común, su valor, su potencial y el papel que juega dentro del mismo. La contribución y el reconocimiento de sus esfuerzos y aportaciones también son muy importantes.

Recursos y proyectos correctos

Dedicar recursos, trabajar incansablemente y exclusivamente en procesos de tipo LM, y trabajar en las mejoras de los proyectos traerá los efectos y resultados deseados. Mejorar el rendimiento significa que necesitas la gente adecuada y los proyectos adecuados, y trabajar en las cosas que agregan valor a tu negocio. Tareas deliberadamente enfocadas son necesarias para el éxito y para obtener resultados.

Trabajo en Equipo

Se trata de que todos tengan un papel bien definido y responsabilidades correctamente asignadas, todo importa. Tanto los líderes como el personal de taller y los administrativos, todo el equipo puede contribuir y hacer la diferencia. Los encargados se ponen la carga encima y hacen marchar las cosas, brindando apoyo y aliento en el camino. La dirección y los resultados son importantes en este modelo. Patrocinadores de tiempo completo, impulsores y líderes de los procesos estimulan y fomentan la responsabilidad y obtienen resultados más rápido. Liderazgo para resolver problemas, entrenamiento y preparación se pueden necesitar. También trabajos básicos como recolección de datos, análisis y soporte. La inversión de recursos y tiempo valen cualquier esfuerzo y costo. Vas a cosechar recompensas que solo puedes tantear una vez que hayas empezado. ¡Va a superar tus expectativas en tan solo un año! ¡Te puedo garantizar que verás resultados incluso antes!

Procesos y Herramientas

Las herramientas y la cultura van de la mano, necesitas las dos. Con esto quiero decir que lanzarte de lleno y enfocarte sólo en implementar algunas herramientas de LM tal vez no sea la forma más apropiada o efectiva de desatar el potencial de este modelo en tu organización. Obtener el apoyo y la infraestructura por adelantado, planear el éxito, los recursos, etc. te pueden ahorrar mucho dinero, tiempo y dolores de cabeza en el camino cuando realmente empieces a hacer el trabajo para crear las mejoras. Poner las ideas de el Lean Manufacturing en acción requiere de tiempo, disciplina y planeación.

Planear el éxito en cualquier utilización de LM es indispensable. Se deben tener las métricas para medir algunas cosas (aun las que a tu criterio funcionan bien). Algunas consideraciones como parte del plan general de acción si decides implementar LM en tu negocio son la infraestructura y el apoyo, el personal preparado y capacitado en lo que es el paradigma de LM, qué herramientas utilizar y cómo usarlas perfectamente.

Manera de hacer negocios

El Lean Manufacturing no se trata solamente de hacer proyectos. Es mucho más que eso; es más profundo y va más allá. Es y se convertirá en la manera en que haces negocios. Todo lo que vayas a emprender en un negocio debe empezar con el cliente; quiénes son, qué necesitan y cómo puedes brindárselos rápida y correctamente. Es además cómo trabajar en conjunto, saber con exactitud y específicamente lo que demandan, cómo darles un precio accesible, hacerles llegar el producto y garantizarlo. ¿Te parece todo un reto? Bueno, pues varios estudios demuestran que los consumidores fuertes e informados no solo saben lo que quieren sino que lo obtienen. Para mantenerse viable, productivo y progresar necesitas que tu negocio tenga todo lo mencionado anteriormente de una manera efectiva y simplificada.

Un buen plan de acción, la cultura correcta y ya estás listo para empezar a utilizar LM para desatar su poder y obtener recompensas en tu negocio, ganancias y más clientes.

Ya hemos determinado que LM puede ayudarte a eliminar desperdicio, tiempo, esfuerzo y material. Es un modelo orientado a mejorar el servicio al cliente, optimizar entregas a tiempo y mejorar la calidad. Ahora vamos a darle un vistazo a las áreas del negocio en donde LM puede ayudarte a ti y a tus clientes.

Áreas en Donde Lean Manufacturing Puede Ayudar

Sacar el mayor provecho de la calidad, el tiempo y acelerar los procesos sí es importante y hace la diferencia. Los tiempos de ciclo y de espera de principio a fin tienen un impacto en el éxito del negocio. LM no es solo para procesos de manufactura, es para todos los procesos.

Saber dónde enfocar tus esfuerzos también es importante. La regla general de 80/20 en LM es una herramienta práctica que te puede ayudar a priorizar y enfocarte en lo que se necesita hacer de inmediato, eventualmente y a lo largo del tiempo.

Esta regla general está basada en el principio de Pareto, que establece que el 80% de los efectos viene del 20% de las causas. Aplicado al Lean Manufacturing, podemos decir que el 80% de los problemas potenciales se encuentran en el 20% de los procesos o áreas de tu negocio. ¡Depende de ti encontrarlos y hacer algo al respecto!

Recuerda que LM se puede aplicar a cualquiera y a todos los procesos.

Ambos, la manufactura y los procesos transaccionales pueden salir altamente beneficiados. Procesos tales como la cadena de suministro y dirección, la logística, la fabricación, el proceso de diseño y las transacciones comerciales, por nombrar unas cuantas, pueden mejorarse para que rindan mejor.

Hasta ahora hemos descubierto que LM es una filosofía y paradigma en el manejo de un negocio que requiere de un cambio en la manera en que piensas y haces negocios.

Sus raíces vienen de una orgullosa historia y puesta a punto en el movimiento de la calidad (o más específicamente de los fabricantes de autos japoneses antes de haberse regado por Europa y Occidente). También de las iniciativas TQM (las siglas en inglés para manejo de la calidad total) y el Sistema de Producción Toyota, que se enfoca en calidad, tiempo, costo, desperdicio, y mejor y más centrada atención y enfoque.

Deshacerse de las principales fuentes de desperdicio en un negocio significa poner atención a cosas como:

- Sobre-producción
- Tiempos de espera, totales y de ciclo (de principio a fin)
- Transportación
- Procesamiento
- Inventario
- Movilidad
- Chatarra

Kaizen

Existen herramientas muy útiles en el kit de LM de

las cuales hemos mencionado cuatro en el inicio para tener un buen comienzo.

La herramienta de "Lean" más valiosa tal vez sea el mapa de flujo de valor, el cual es un diagrama que detalla cada paso de un proceso y puede ayudar a detectar lo que no sirve. Al crear un mapa de flujo de valor evalúa primero el margen de acción del proceso que se está mejorando. Define si deseas hacerlo para una planta de producción o un departamento de servicios. Forma un equipo multifuncional que incluya supervisores en toda la organización. El equipo debe reunirse para un evento Kaisen de varios días. En ese evento, el equipo tiene cuatro tareas:

1. Determinar la familia del proceso, es decir, establecer un grupo de productos o servicios que pasarán por el mismo proceso una y otra vez. Para esto se puede usar una matriz con el fin de realizar un seguimiento.

2. Dibujar un mapa del estado actual del proceso. Una vez identificadas las fallas del proceso actual se debe

3. Crear un mapa del estado futuro, el cual debe incluir las mejoras que necesita el proceso.

4. Crear un plan realista de mejoras para lograr el estado futuro. Este es el paso más importante, determina las tareas, las fechas de comienzo y finalización, quiénes las dirigirán y los resultados deseados.

La lógica y la razón detrás de esta premisa y principal argumento de LM indica claramente que al reducir el desperdicio mejoras la calidad. Cuando el tiempo de producción disminuye, los costos son menores.

El Kaizen, un término japonés que significa el "proceso constante de mejorar", es la base del Lean Manufacturing.

LM puede ser útil en varios procesos de un negocio, incluyendo la fabricación y los procesos transaccionales. Algunos, o todos los procesos involucrados en tu negocio pueden ser incluidos en la utilización de LM y sus iniciativas.

Los principios clave de Lean Manufacturing pueden ser identificados como:

- Hacerlo bien la primera vez, sin defectos. Identificar la fuente del problema rápidamente y solucionarlo de inmediato

- Eliminación de tareas sin valor añadido y optimización de todos los recursos con los que dispones

- Kaizen o CI (Continuous Improvement, siglas en inglés para mejoras continuas), significa mantener o elevar el desempeño y la excelencia en tu negocio. Esto puede hacerse a través de LM, enfocándose en reducir costos, mejorar calidad, aumentar la productividad, compartir mejor la información, operaciones simplificadas, generar trabajo en equipo y procesos enfocados en la mejora de objetivos.

- Clientes. La demanda es lo que dirige la actividad en un sistema de extracción y no de introducción de cosas como el inventario, tiempos de espera y eliminación de todo lo innecesario.

- Adaptabilidad, agilidad, flexibilidad eficiente y

rápida sin sacrificar la calidad.

- Extender estos esfuerzos a tu cadena de abastecimiento y sociedades con otras empresas en un esfuerzo colaborativo, construyendo relaciones que se adapten, funcionen y perduren.

PDCA

El ciclo de planificar, hacer, verificar y actuar (Plan, Do, Check, Act, por sus siglas en inglés) es una herramienta muy conocida que se usa en muchos sectores diferentes y en una gran variedad de situaciones. El PDCA también se conoce como el Círculo de Denim. El libro de Nancy R. Tague, "La caja de herramientas de calidad" (The Quality Toolbox, ASQ Quality Press, 2010) describe el PDCA como un modelo de cuatro pasos para producir cambios. Los cuatro pasos del procedimiento PDCA se detallan a continuación:

1. Planear. Reconocer una oportunidad y planificar un cambio.

2. Probar el cambio, realizar un estudio a pequeña escala

3. Revisar la prueba, analizar los resultados e identificar lo aprendido. Y finalmente

4. Actuar de acuerdo con lo aprendido en los pasos anteriores. Si el cambio no funciona, volver a aplicar el ciclo con un plan diferente. Si en cambio funciona, incorporar lo aprendido en la prueba esta vez con cambios más amplios y planificar nuevos mejoramientos.

Kaizen tiene que ver también con esta conocida herramienta: Así como un círculo no tiene fin, el ciclo debe repetirse una y otra vez para mejorar continuamente cualquier proceso.

El modelo ajustado básicamente se trata de hacer las cosas bien. En el lugar, tiempo y cantidad correctos mientras se elimina el desperdicio, siendo flexible y manteniéndose abiertos al cambio.

Es como tener la receta para el éxito asegurado; para triunfar en esta nueva economía global moderna, competitiva, impulsada por la tecnología y que crece a pasos agigantados. Utilizar el modelo de LM y sus herramientas fortalece y ayuda a tu negocio no sólo a triunfar en este ambiente, ¡sino también a prosperar y progresar!

La historia y el futuro de la LM está basado en la premisa de que el tiempo, el espacio, la energía, el esfuerzo, el dinero desperdiciados y la mala calidad cuestan dinero. Debes de ser capaz de percatarte de esto, lidiar con ello y eliminarlo. Esto se logra trabajando rápidamente, con menos esfuerzo y desperdicio, siendo eficiente, consistente y con la mínima cantidad de desperdicio. Sin hacer movimientos innecesarios y reduciendo los costos y tiempo LM te pondrá en el camino hacia el éxito antes de lo que imaginas. No se trata solamente de enfocarse en los procesos de fabricación, hay muchos más de esta filosofía y metodología de lo que se puede imaginar.

Piensa en maneras innovadoras para reducir costos en tu negocio y operación sin arriesgar la calidad para los consumidores. Elimina pasos innecesarios en los procesos, busca alternativas baratas o costos extras que no repercutan en la calidad. Utilidades y herramientas compartidas son una gran manera de minimizar gastos y costos generales. Aprovecha al máximo tus recursos.

Echa un vistazo de cerca a los procesos y materiales que tú y tu equipo utilizan diariamente; estudia la realidad. Fíjate en los costos, el desperdicio y ponle números a todo; eleva la consciencia de lo que se puede hacer diferente, más económico y más eficiente.

Algunas veces los pasos en los procesos pueden ser eliminados o combinados para obtener resultados más rápidos y utilizar mejor los recursos, el tiempo y la calidad. Estandarizar ayuda a eliminar el desperdicio. Modificar o ajustar la maquinaria sin otra razón más que por rutina y hábito es algo a lo que debes prestar atención y dejar de hacerlo de inmediato. Reusar, reducir y reciclar también son parte del juego. Materiales y pasos en los procesos más efectivos y que consuman menos tiempo ayudan a tu negocio. La tecnología, automatización, subcontratación, etc., pueden ahorrarte a ti y a tus clientes tanto tiempo como dinero.

Un equipo de Continental Guadalajara, fabricante de piezas automotrices ubicado en Jalisco, México, sabía que parte de su proceso tenía fallas. El equipo de mejora continua de vehículos comerciales se unió para encontrar la causa principal del problema que contribuía a que hubiese piezas rotas y otras fallas.

Alfonso Moreno Díaz, líder del equipo, decía lo siguiente: "Se rompía el vidrio y se rompía también el armazón. Estos problemas eran los principales en nuestra organización. Durante dos o tres años no pudimos resolver este problema, así que hicimos algunas cosas interesantes y finalmente lo logramos. Intentamos diferentes estrategias para encontrar la causa del origen, pero al principio no lo lográbamos porque el equipo no tenía el conocimiento necesario. Fue así que empezamos a buscar una solución. Empezamos a investigar las diferentes tecnologías que estábamos utilizando y así fue que encontramos posibles causas raíz. El equipo utilizó el método Genba, que en japonés significa ir al lugar de trabajo específico para observar las posibles causas raíz. Con este proceso, el equipo descubrió la causa raíz. Alfonso continúa relatando la experiencia: "Pudimos eliminar por completo las fallas que habíamos tenido por dos o tres años consecutivos y así las redujimos, logrando mejorar mucho el desempeño con los clientes. También ahorramos 120 mil dólares estadounidenses, y lo más importante: creo que todo el equipo aprendió mucho sobre desarrollo de soluciones y análisis de causa raíz".

En su nivel más básico, el mejoramiento de procesos es la solución de problemas. Si bien la solución de problema es una actividad organizativa esencial, Stephen Hacker, director ejecutivo y socio fundador de Transformation Systems International, advierte que las organizaciones nunca deben dejar de estandarizar y mejorar los procesos, pero dice que se debe dar un paso más. Para Hacker, ese siguiente paso es el pensamiento transformacional, que básicamente significa desarrollar una nueva idea: "Es un salto desde lo normal, algo que está más allá de la estandarización y el mejoramiento gradual. Es decir, cuando uno entra en una organización, uno piensa en la estandarización y se pregunta qué es lo que no está en orden. Si uno va a un restaurante de comidas rápidas, éste tiene implementado un criterio para que el lugar esté en orden y limpio todo el tiempo. Tenemos herramientas que hacen eso cuando se trata de la solución de problemas, yo diría que pasemos a pensar en Six Sigma y en mejoramientos graduales".

Para ilustrar esto, Hacker indica un estudio reciente realizado en Falmouth sobre dos empresas de alto perfil: "El estudio indicó que no cumplían con las expectativas del mercado debido a que los patrones de pensamiento se centraban demasiado en la solución de problemas, por lo que se descuidó el aspecto creativo. Necesitamos las dos cosas, y en cierto sentido necesitamos las tres: estandarización, pongamos nuestros procesos en orden y hagamos nuestros procesos repetibles. Utilicemos la solución de problemas, el mejoramiento gradual y hagamos la parte transformacional. Hacker dice que los enfoques transformacionales tienen cinco elementos:

1. Emitir una visión transformadora, una idea que impacte

2. Exponer la necesidad del negocio

3. Crear un sistema robusto de medición del desempeño, desde el estado actual hasta el de la transformación.

4. Abordar la cultura directamente incluyendo liderazgo.

5. Desarrollar un plan para cerrar la brecha entre el estado actual y el transformador incluidas las acciones a corto plazo logradas en seis meses.

Kaizen o "cambio para mejorar" es el mantra del

Lean Manufacturing. ¡Es continuo, nunca se detiene; es todo un proceso!

7
Más Herramientas de LM

Actuar para corregir ciertos aspectos dentro de tu negocio, eliminar el desperdicio, los gastos y simplificar los procesos para una función óptima y alcanzar el éxito, es de lo que LM se trata.

Aprender poniendo manos a la obra e involucrándose es un gran producto y facilitador de estos procesos e iniciativas. Involucra y energiza, despierta el interés y construye la participación y la acción. Haz cambios, revisa los resultados y adáptate si es necesario. Celebra tus éxitos, busca nuevas oportunidades que vayan bien con este nuevo ciclo.

A continuación te presento una manera fácil de recordar algunas de las cosas prácticas y fundamentales que puedes aplicar de inmediato en tu negocio utilizando herramientas de LM:

"CANDO"

C – Cleanup / Limpieza

A – Arranging/ Organización

N – Neatness/ Pulcritud

D – Discipline/ Disciplina

O - Ongoing improvement/ Mejora constante

Al enfocarse en mejorar y ser más eficiente en cualquier proceso y desempeño vas a cosechar el éxito financiero. Es como tener medida y prueba de tu éxito.

Al introducir este sistema, como así también la resolución de problemas intuitiva y creativamente, analizando y examinando los procesos, aumentas el manejo que tienes sobre los eventos que se van desarrollando y esto conduce tu negocio a nuevos caminos de excelencia. LM te llevará hasta ahí. Combinando este enfoque con la disciplina y la tenacidad en los procesos del manejo y herramientas como Six Sigma, incrementarás el impacto y la efectividad.

Los tres pilares de poder para este enfoque de negocio son:

1. Servicio al cliente. Actividad centrada y directa, agregar valor a los procesos y resultados.

2. Efectividad.

3. Eficiencia.

Brindarle a los clientes exactamente y aún más de lo

que necesitan, superando sus expectativas es muy importante. En este punto deberías preguntarte lo siguiente: ¿Cuál es el campo o la especialidad que te hacen sobresalir de la multitud?

Nuevamente te presento algunas herramientas del kit de LM que pueden asistirte en la auto-evaluación de tu negocio:

¿Cómo puede LM ayudarte a establecer, identificar y comunicar la ventaja competitiva de tu negocio a tus empleados, socios y clientes?

¿Qué tan exitosos son tus servicios y productos asegurando a los "clientes para siempre" y haciéndolos "repetitivos"? ¿Qué tan fuerte es tu marca?

¿Cómo minimizas costos, cortas gastos y eliminas el desperdicio actualmente?

Kanban

Otro concepto importante de LM es comprender cómo utilizar Kanban, otro termino de inspiración japonesa que literalmente significa letrero o cartel en japonés. Se trata de un sistema de programación ajustado y de producción just-in-time (JIT). Kanban es un sistema para el control de la cadena logística desde el punto de producción de ver, y no es un sistema de control de inventario. Kanban fue desarrollado por Taiichi Ohno, en Toyota, con el fin de encontrar un sistema para mejorar y mantener un alto nivel de producción.

Este sistema se convirtió en una herramienta eficaz de apoyo a la ejecución de un sistema de producción en su conjunto, y ha demostrado ser una excelente manera de promover la mejora en todas las áreas problemáticas de la empresa. Uno de los principales beneficios de Kanban es establecer un límite superior para el trabajo en el inventario de progreso, evitando la sobrecarga del sistema de fabricación.

Kanban es parte de un enfoque en el que el "tirón" proviene de la demanda. El suministro o la producción se determina de acuerdo a la demanda real de los clientes. En contextos donde el tiempo de suministro es muy largo y la demanda es difícil de prever, a menudo lo mejor que uno puede hacer es responder rápidamente a la demanda observada. Esta situación es exactamente lo que lleva a cabo un sistema de Kanban, en que se utiliza como una señal de demanda que se desplaza inmediatamente a través de la cadena de suministro. Esto garantiza que los stocks intermedios celebrados en la cadena de suministro están mejor gestionados, y son generalmente más pequeños. Cuando la respuesta de la oferta no es lo suficientemente rápida como para satisfacer las fluctuaciones reales de demanda, lo que provoca pérdida significativa de ventas, construir stock puede ser considerado más apropiado, y se logra mediante la colocación de más de Kanban en el sistema.

Taiichi Ohno declaró que para ser eficaz, kanban debe seguir estrictas reglas de uso. Toyota, por ejemplo, tiene seis reglas simples, y un estrecho seguimiento de estas reglas es una tarea de nunca acabar, lo que garantiza que el Kanban siempre está en uso.

Seis reglas de Toyota para el uso de Kanban

Procesos posteriores recogen el número de elementos que se indican por el Kanban en el proceso anterior.

Proceso anteriores producen artículos en la cantidad y la secuencia indicada por el Kanban.

No hay artículos que son fabricados o transportados sin Kanban.

Siempre conecte un Kanban para las mercancías.

Los productos defectuosos no se envían en el proceso posterior. El resultado es mercancías 100% libres de defectos.

Reducir el número de Kanban aumenta la sensibilidad.

Cómo utilizar las tarjetas Kanban exitosamente

Las tarjetas Kanban son un componente clave de este sistema y señalan la necesidad de mover los materiales dentro de una instalación de fabricación o producción o mover materiales de un proveedor externo a la planta de producción. La tarjeta kanban es, en efecto, un mensaje que indica que hay un agotamiento de los productos, piezas o inventario que, cuando se reciben, el Kanban disparará la reposición de ese producto, componente o inventario. Por lo tanto, el consumo impulsa la demanda de una mayor producción, y la demanda de más productos se señaliza con la tarjeta Kanban. Por lo tanto, las tarjetas Kanban ayudan a crear un sistema basado en la demanda.

Es muy frecuente en los defensores de Lean Manufacturing y de fabricación que los sistemas basados en la demanda conduzcan a entregas más rápidas en la producción y a niveles de inventario más bajos, ayudando de ese modo a las empresas que implementan este tipo de sistemas a ser mucho más competitivas.

En los últimos años, los sistemas electrónicos de envío de señales Kanban se han vuelto más generalizados. Si bien esta tendencia está conduciendo a una reducción en el uso de tarjetas kanban en conjunto, es todavía común en las modernas instalaciones de Lean Manufacturing el encontrar el uso generalizado de las tarjetas kanban. En Oracle ERP (Enterprise Resource Planning) de software, Kanban se utiliza para la señalización de la demanda a los vendedores a través de notificaciones por correo electrónico. Cuando las acciones de un componente particular es agotado por la cantidad asignada en la tarjeta Kanban, se crea un "disparador kanban" (que puede ser manual o automático), una orden de compra es liberada con una cantidad predefinida para el proveedor determinado en la tarjeta, y se espera que el vendedor despache el material dentro de un tiempo de espera especificado.

Las tarjetas Kanban, en consonancia con los principios de Kanban, simplemente transmiten la necesidad de más materiales. Por ejemplo, una tarjeta roja depositada en una cesta con partes vacías comunica que se necesitan más piezas.

Un ejemplo simple de una implementación del

sistema Kanban podría ser un "sistema de tres cajas" para las piezas suministradas donde no hay fabricación interna. Una caja está en el piso de la fábrica (el punto inicial de la demanda), otra caja está en la tienda de la fábrica (el punto de control de inventario), y la tercera con el proveedor. Estas cajas suelen tener una tarjeta extraíble que contiene los detalles del producto y otra información pertinente - la clásica tarjeta Kanban.

Cuando el recipiente en el piso de la fábrica está vacío (porque las partes ya se utilizaron en un proceso de fabricación), la caja vacía y su tarjeta kanban se devuelven a la tienda de la fábrica (el punto de control de inventario). La tienda de la fábrica reemplaza la caja vacía en el piso de la fábrica con el depósito lleno de la tienda de la fábrica, que también contiene una tarjeta Kanban. La tienda de la fábrica envía la caja vacía con su tarjeta kanban al proveedor. Una caja llena de productos del proveedor, con su tarjeta de Kanban, se entrega a la tienda de la fábrica, el proveedor mantiene la bandeja vacía. Este es el paso final en el proceso. Por lo tanto, el proceso nunca se quedará sin productos, y podría ser descrito como un circuito cerrado, ya que proporciona la cantidad exacta requerida, con una sola caja de repuesto, por lo que nunca habrá un exceso de oferta. Esta caja de repuesto permite que no hayan incertidumbres en el suministro, uso y transporte que se encuentra en el sistema de inventario.

El secreto de un buen sistema Kanban es calcular las suficientes tarjetas kanban requeridas para cada producto. La mayoría de las fábricas que utilizan Kanban utilizan el sistema de pizarra de color (caja heijunka). Esta placa ranurada fue creada especialmente para contener las tarjetas.

Mantenimiento Productivo General

Pasemos ahora a otra herramienta y utilidad esencial de LM. Vamos ahora a considerar lo que se refiere como: Mantenimiento Productivo General. Esto es diferente al mantenimiento ocasional o de rutina que se lleva a cabo. Comúnmente se representa como una "prevención al deterioro". No es arreglar maquinaria cuando se descompone, sino mucho más que eso.

El equipo debe estar listo en cualquier y todo momento para la operación. La maquinaria debe estar lista para trabajar con eficiencia cuando se necesite y mientras se trabaja. Debe ser capaz de proveer servicios de calidad y resultados en los que se puedan confiar.

OEE (siglas en inglés para efectividad total del equipo) es el sistema para medir al equipo durante el periodo de uso y la producción. Estas son las medidas clave que se usan para rastrear y calibrar cómo están funcionando los trabajos de mantenimiento y qué debe hacerse. Este sistema ayuda a medir cómo mantener todo funcionando sin esfuerzo, sin interrupciones, individualmente y en conjunto. También es importante la prueba de errores, reducir la variabilidad, incrementar el proceso de capacidad, el estándar y los medios para un fin (las máquinas y operación en general). Todo debe estar bien cuidado y en perfecto estado.

Este sistema fue desarrollado por Seiichi Nakajima en la década de 1960 para evaluar el grado de eficacia que utiliza una operación de fabricación. Se basa en la forma de pensar de Harrington Emerson con respecto a la eficiencia del trabajo. Los resultados se expresan en una forma genérica que permite la comparación entre las unidades de producción en las diferentes industrias. No obstante, es una medida absoluta y es la mejor opción para identificar posibilidades de mejora en el rendimiento del proceso y cómo conseguir la mejora. Si por ejemplo, se reduce el tiempo de ciclo, el OEE aumentará, es decir, se obtendrán más productos que serán producidos con menos recursos.

La medición OEE también se usa comúnmente como un indicador clave de rendimiento (KPI), en relación con los esfuerzos de manufactura ajustada para proporcionar un indicador de éxito.

Ya he mencionado muchos ejemplos y razonamientos de por qué Lean Manufacturing sería algo bueno para tu negocio, sin importar el tamaño, la fase de desarrollo, los socios, los consumidores, o su nivel de desarrollo actual. Estas herramientas te ayudan a mover a tu negocio hacia adelante.

Eliminación de Desperdicio

El Enfoque Tradicional es el siguiente:

- Trabajar más tiempo y más duro

- Agregar Personas y equipo

En cambio, en el Lean Manufacturing, el enfoque se da de la siguiente manera:

- Mejorar el flujo del valor para eliminar el desperdicio

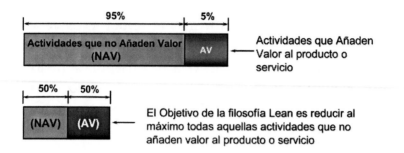

Un valor subestimado en la utilización de LM es la falta de utilización del potencial y los talentos colectivos y colaborativos. Algunas veces la gente está tan ocupada trabajando individualmente que pierden de vista lo poderoso que puede ser trabajar en conjunto y unir esfuerzos.

En mi opinión, en esto se encuentra el secreto de LM.

Para obtener resultados extraordinarios debemos dar a todos la oportunidad de formar parte y participar, compartir las experiencias y proyectos en común.

Pregúntate cómo puedes sacar el máximo provecho e inversión de las prácticas de LM y los esfuerzos continuos y cómo puede esto beneficiar o afectar tu negocio. Tus recursos, empleados y consumidores son bienes importantes. ¿Cómo estás utilizándolos en este proceso de convertirte en una organización, negocio u operación más ágil y rentable?

Siempre inicia preguntándote qué puedes hacer. Este enfoque puede marcar una diferencia importante en tu negocio.

8
Cómo Aplicar Lean Manufacturing con éxito

A continuación veremos diferentes maneras para evitar que tus iniciativas de LM sean frustradas, obstaculizadas, fallen o se queden cortas:

- Presta verdadera atención a lo que la cultura de tu negocio significa en este momento. Puede estar completamente fuera de alineación con los principios fundamentales de LM y ocasionar estrés, tensiones o incluso resistencia dentro de tu organización.

- Pregúntate a ti mismo y a tu equipo de trabajo, a tus socios y usuarios más honestos cuál es el ambiente que existe en este momento para ayudar y apoyar los métodos de ajuste que deseas implementar. Y también , ¿cómo puede ayudar esto a los involucrados?

- La siguiente es también una pregunta útil: ¿Es tu organización jerárquica, rígida y autocrática?, ¿O está centrada en las personas y el trabajo en equipo?

- Aprender de los errores y descubrimientos, experiencias compartidas y conocimientos de los demás es vital.

- También debes ser consciente que no todos van a compartir el mismo interés por LM. Algunos pueden temer lo que esto puede implicar a su carga de trabajo y a su mundo. Cierta resistencia inicial a cualquier cambio es normal. Por eso es muy importante que muestres todos los beneficios de lo que esta iniciativa puede traer a todos.

Diez Consejos Útiles Para Facilitar Las Iniciativas de LM En Tu Organización

1. Mantener los canales de comunicación abiertos

- Habla y da información continuamente.

- Educa y fortalece, brinda conocimiento, da ejemplos prácticos, instruye y enseña a los demás

- Confianza, honestidad e información equivalen a transparencia.

- Dales a todos una ventaja usando un lenguaje común, teniendo metas y propósitos en conjunto, desata el poder del modelo de ajuste en tu organización.

2. Brindarle a todos la oportunidad para contribuir y comentar

- Haz que todos se mantengan comprometidos, trabajando emocionados, involucrados y a bordo de tus iniciativas y planes de MA

- Implementa un sistema de comentarios y entrenamiento, establece canales de comunicación donde quizá antes no existían.

3. Crear y cultivar el contexto y ambiente de trabajo correcto en donde la honestidad sea la mejor política

- Crea comunicación y reparto de información, el aprendizaje y la apertura (transparencia) es una prioridad organizacional.

- Menos personas se van a sentir amenazadas e inseguras de decir lo que piensan, de ocultar los errores por temor a la vergüenza o consecuencias indeseables (como tener que rendir cuentas o de perder sus puestos de trabajo delante de los demás)

- Todos deben tratarse con respeto y compartir ideas, tratar los problemas abiertamente. Siempre debe tenerse en cuenta que el beneficio o la pérdida es para todos y por esto es importante poner atención a los retos que se presentan.

4. Prestar atención, recompensar, motivar y celebrar

- Selecciona ejemplos de grandes logros con LM. Pueden ser proyectos específicos o generales. Compártelos y celebra alrededor de ellos. Da crédito y reconoce a todo el equipo por logros que hicieron una diferencia en la compañía, o por un área o problema en específico que fue resuelto. Esto es motivador y sirve como un incentivo para mantener a todos trabajando e intentando mejorar con más ánimo.

5. Implementar un sistema de medición y monitorear todos los procesos, pero también el progreso

- El llevar registros y seguimientos formales es esencial para que los procesos e iniciativas de LM funcionen y perduren. Asegúrate de que sean simples y que tengan un propósito, que estén organizados y que sean recurrentes.

6. Apegarse a lo básico y mantenerlo simple

- Parece fácil, pero créeme, a veces es fácil desviarse en el laberinto de los números, las medidas y las interminables hojas de cálculo. Se nos olvida muy frecuentemente la claridad que aporta la simplicidad.

- Hacer las cosas fáciles de seguir y apegarse a ellas ayudará a que todos lo hagan.

7. ¡Ser positivo y mantenerse así!

8. Lograr metas y acceder a los recursos

- Enfócate en las necesidades, deseos y motivaciones para movilizar y sostener el cambio.

- Haz que el interés y las recompensas sean personales por participar y aplicar los principios de MA

- Haz de esta tu manera de hacer negocios, ¡sin comprometer nada!

- Impone metas y normas altas y siempre intenta conseguirlas.

9. Practicar disciplina

- Consistencia, persistencia y determinación para hacer que las cosas funcionen y perduren. Costos bajos sin desperdicio; ¡efectividad y eficiencia!

10. Un viaje continuo (no solo un destino)

- El aprendizaje regular es esencial para aprender de los errores, de lo que no funcionó y pensar en cómo hacerlo mejor la próxima vez. Todo esto se debe implementar en conversaciones de rutina.

- Siempre pregunta a tu equipo qué aprendieron, qué no funcionó, qué estuvo bien y qué podrían mejorar la próxima vez.

Vas a descubrir más secretos y desenterrar más verdades acerca de LM cuando estés sobre la marcha. Asegúrate de compartir la sabiduría adquirida con todos.

Recuerda que a pesar de lo que escuches o leas de diferentes asesores, en la implementación del Lean Manufacturing no existe una sola medida que pueda funcionar para todo. Depende de la organización, el liderazgo, la dinámica y diferentes factores.

9
El Pensamiento Lean

Se ha escrito mucho sobre el Lean Manufacturing (puedes ver la lista de referencias al final del libro para encontrar ejemplos variados de algunos de los libros clásicos y recientes sobre este tema). Es difícil encontrar información práctica y cómo implementarla, especialmente para los negocios pequeños. Acceder a la experiencia de aquellos que han recorrido este camino es una excelente manera de descubrir los secretos, obstáculos y errores a evitar cuando se está considerando implementar LM en un negocio u organización.

Empieza por preguntarte lo siguiente: ¿cuál es el nivel actual de preparación y conocimiento en cuanto a lo que Lean Manufacruting se refiere? Cerca del 100% de las personas han escuchado acerca de LM en algún momento, pero nunca podrás saber qué tanto o qué tan poco sabes hasta que no te sumerges de lleno.

Para algunos el pensamiento ajustado se da

naturalmente, y algunos otros necesitan un poco más de rigor y disciplina para impactar y afectar un negocio de manera tal que consigan tener éxito.

¿Estás haciendo algo actualmente para reducir el desperdicio, la chatarra o los gastos innecesarios? Típicamente menos del 50% de las compañías hacen algo así.

¿Consideras que tus procesos de manufactura ajustada son un tremendo éxito? Menos del 5 al 10% van a contestar afirmativamente a esta pregunta.

Siempre hay lugar para mejoras en cualquier negocio. LM te da las herramientas, los medios, los canales y las conexiones para planear, ejecutar y sostenerlas; convertirlas en beneficios y ganancias en tu balance final.

Siempre recuerda que no puedes hacerlo todo tú mismo ni tampoco es un proceso rápido. Necesitas de esfuerzos combinados, infraestructura y apoyo para hacer las cosas y esto puede tomarte más tiempo de lo que esperas, ¡pero no te des por vencido!

LM es un viaje continuo y no una "solución apresurada" para los problemas de una compañía. Aunque algunas de las herramientas y aplicaciones te permitirán ver recompensas y beneficios inmediatos que hacen una gran diferencia, no vas a lograr tener éxito si utilizas este modelo como un proyecto eventual ni como una estrategia desorganizada o como un enfoque de "solamente cuando tienes ganas".

Los recursos, el dedicar tiempo, el enfoque y trabajar con esfuerzo para conseguir objetivos va a beneficiar tremendamente todas tus iniciativas de LM. Cambia tu enfoque a largo plazo y olvídate del luchar día a día con un enfoque reducido. La manera de hacer que esto funcione es lidiando con un problema a la vez, a medida que se van presentando, y no tratar de implementar todas las estrategias al mismo tiempo.

Más que solo herramientas, LM se trata de aplicar un pensamiento contra-intuitivo a la manufactura y a los procesos transaccionales. Se trata de que las personas estén involucradas, que trabajan dentro y por este proceso para mejorar sus resultados. Este tipo de personas son las que trabajan para optimizar y sostener el éxito con el fin de ver el crecimiento de una empresa.

Algunos han insinuado que el modelo de ajuste no se trata de lo que puedes ver, sino de cómo piensas. El ímpetu y la motivación deben empezar temprano, y también deben empezar contigo. Compromete y activa la mente de tu gente, mueve a tu organización, llevándolos a nuevos niveles de excelencia en el desempeño e incrementando las ganancias en el balance final. Accede a los talentos colectivos de tu organización, sé más orgánico, guía con el ejemplo y enfatiza que no es un programa (con un principio y un final). Es una iniciativa que debe de continuar, crecer y expandirse para siempre; desde el momento en que se inicie en adelante.

Te lo puedo asegurar: las cosas no pueden, ni permanecerán iguales con LM, esa es una garantía.

El desarrollo de habilidades, la formación, el conocimiento de las aplicaciones, el refinamiento y el dominio de las tareas nuevas vendrán con el tiempo. Habrá curvas de aprendizaje en el camino (casi siempre muy empinadas al principio), pero no hay una receta, sino solo un mapa que guía (ideas generales y sugerencias como las mencionadas en este libro) hacia el camino del éxito.

En el Lean Manufacturing no se trata de cuántas herramientas has escogido o vas a implementar, sino de cómo vas a explotar su potencial y sacar provecho de ellas.

En este libro hemos cubierto algunas de las herramientas básicas para que empieces, pero hay innumerables de éstas disponibles. Te llevará bastante tiempo desarrollar competencia y maestría en cualquiera de las herramientas de LM. Utiliza algunas o todas de las que te presento a continuación como parte de tu estrategia general para mejorar tu empresa o tu organización.

Jidoka, kaizen, andon, kanban, SMED, control visual y 5S son todos ejemplos de herramientas de ajuste que puedes empezar a utilizar desde ya.

Todo empieza en cómo piensas acerca de las cosas, y el cambio que tienes que hacer en tu mente para pasar de lo convencional y tradicional a lo que de verdad funciona y da resultado.

Recuerda que ninguna herramienta avanzada de el Lean Manufacturing lo hará todo por ti, ni tampoco te rescatará mágicamente.

LM comienza contigo y con la disposición de abrir tu mente, de descubrir y de controlar los ahorros potenciales, los costos y la reducción de desperdicio. Comienza por ver las oportunidades en todos los niveles de tu negocio, y hasta en tus clientes para ser más exitoso y mejor en lo que haces al menor costo posible sin sacrificar la calidad.

A continuación daré un ejemplo de lo que me refiero. Dominar una herramienta 5S (la cual reduce el desperdicio o MUDA) no se trata de ir por ahí limpiando sin un entendimiento profundo, sino de internalizar la habilidad para identificar los problemas inmediatamente con el fin de poder resolverlos rápidamente. ¿Ves la diferencia?

Si deseas aprender más acerca de LM y las herramientas que pueden ser utilizadas y aplicadas con gran éxito en tu empresa, considera las cuatro reglas de ajuste expuestas y adaptadas de Bowen and Spears en el libro "Decodificando el DNA del Sistema de Producción Toyota" (Decoding the DNA of the Toyota Production System, Harvard Business Review, Nov. 1999).

En Kanban, por ejemplo, no se trata demasiado de una señal visual o la herramienta en sí, sino de entender la lógica y la importancia de los procesos que van en contra y a favor de la corriente. Se trata de fluir con las implicaciones de la operación y satisfacer rápidamente a los clientes.

La toma de decisiones diarias, la resolución de problemas y la gestión se verán afectadas y optimizadas por este tipo de pensamiento y muy pronto será mucho más que la mera aplicación de las herramientas para simplemente un par de proyectos. Va a cambiar la manera en que haces negocios y te mueves de ahora en adelante.

El modelo ajustado no se trata de lo que ves, sino de la manera en que piensas.

10
Un repaso a las herramientas de Lean Manufacturing

A continuación un breve resumen de las herramientas básicas de LM que te van a ayudar a empezar:

5S

- Seleccionar, barrer, escoger, sanear y mantener (En inglés: sift, sweep, sort, sanitize and sustain)

- Ayuda a organizar lo que se necesita y eliminar lo que no, permitiendo a la organización identificar los problemas rápidamente.

5 Porqués

- Resolución de problemas preguntándose por qué ocurrieron

- Por qué se produjo esa situación

- Repetir el proceso cinco veces hasta llegar a la raíz del problema.

Andon

- El operador jala de un cordón que enciende una bocina y una luz que le indica al líder o supervisor que él/ella necesita ayuda o apoyo

- Te permite mantener la producción en movimiento y detecta problemas a tiempo.

Jidoka

- Automatización o personas identificando problemas

- Detenerse para corregir o auto-corregir antes de continuar o seguir adelante.

Kaizen

- Un proceso continuo y estructurado

- Comprometer a los que estén más cercanos al proceso

- Mejorar la efectividad y la eficiencia de los procesos

- Remover el desperdicio y estandarizar.

Kanban

- Una señal o sistema de tarjetas que los clientes puedan utilizar

- Optimizar para poder ordenar una cantidad específica del suministro

SMED—Cambio de herramienta en un solo dígito de minutos.

Manejo Visual

- Controla cada aspecto del proceso

- Con un vistazo, utilizando datos visuales, señales o guías.

Comentarios Finales

Empezar con LM no es una tarea fácil, pero la iniciativa pronto le dará recompensas a tu negocio. Cuidar su crecimiento y filtrar todos los niveles de una organización va a dar resultados definitivos a largo plazo.

Muchas organizaciones se encuentran tan ocupadas haciendo el "trabajo", lidiando con los problemas, los despidos, las urgencias, tratando de alcanzar metas y objetivos e iniciando estrategias de negocios, que no se toman el tiempo para considerar siquiera "ver" el desperdicio.

Todos deben tomarse una pausa para considerar cómo los principios, conceptos y herramientas de LM pueden ayudar a eliminar el desperdicio. Esto logra que puedas llegar a la raíz y la causa de los problemas para resolverlos mejor y permanentemente. Siempre ten en cuenta que este proceso es continuo y revelará cosas de tu negocio que ni siquiera tú sabías. Puede que te sorprendas de lo que encuentres, desentierres y se revele cuando utilices las herramientas y el pensamiento de LM.

No siempre será fácil fijarse en los procesos para determinar cuál es la mejor forma de eliminar el desperdicio o MUDA, pues requiere de nuevas y contradictorias ideas algunas veces; un punto de vista nada tradicional.

He aquí una gran verdad (y en mi opinión otra de las claves para entender el poder y el potencial de LM) para los negocios sin importar su tamaño, la industria o los desafíos:

La capacidad de reconocer y comprender los sistemas que crean resultados no es una habilidad natural.

Esto quiere decir que no tenemos ese proceso de enfoque automáticamente. Tenemos que descubrirlo, perfeccionarlo, desarrollarlo y refinarlo a medida que avanzamos.

Mira el valor a través de los ojos y requerimientos de tus consumidores. Echa un vistazo real y lo suficientemente largo como para descubrir cómo estás haciendo las cosas con el fin de darles lo que ellos necesitan y reclaman. Busca oportunidades para mejorar y recortar gastos, desperdicios y costos. Recuerda siempre lo siguiente: mantenlo simple.

Recuerda, todo lo que no agrega valor es igual a

desperdicio

Te deseo lo mejor en tu viaje con LM. Si deseas aprender más, consulta las fuentes que se proporcionan a continuación.

Recursos

Libro Gratis sobre Lean Manufacturing

 Como lo mencionamos anteriormente, te dejamos a continuación un link debajo, con el cual podrás descargar un excelente libro que ahonda en los conceptos, técnicas, herramientas e implementación de Lean Manufacturing:

http://editorialimagen.com/wp-content/uploads/2014/07/Lean-Manufacturing-Juan-Carlos-Matias.mobi

*****

A continuación, una lista de muy buenos libros con los cuales puedes profundizar y aprender más del tema:

- Ohno, Taiichi (1988), "Toyota Production System: Beyond Large-Scale Production", Productivity Press, ISBN 0915299143

- Womack, James P. and Jones, Daniel T. (1998), "Lean Thinking", Free Press, ISBN 0743249275.

- Womack, James P., Jones, Daniel T., and Roos, Daniel (1991), The Machine That Changed the World: The Story of Lean Production, Harper Perennial, ISBN 0060974176

- Emiliani, M.L., with Stec, D., Grasso, L. and Stodder, J. (2003), "Better Thinking, Better Results: Using the Power of Lean as a Total Business Solution", The CLBM, LLC Kensington, Conn., ISBN 0972259104

- Imai, Masaaki (1997), "Gemba Kaizen", McGraw-Hill, ISBN 0070314462

- Schonberger, Richard J. (1986), "World Class Manufacturing", Free Press, ISBN 0029292700

- Rother, Mike and Shook, John (2003), "Learning to See", Lean Enterprise Institute, ISBN 0966784308

- George, Michael L. (2003), "Lean Six Sigma For Service", McGraw-Hill, ISBN 0071418210

- Levinson, William A. (2002), "Henry Ford's Lean Vision: Enduring Principles from the First Ford Motor Plant", Productivity Press, ISBN 1563272601

- Levinson, William A. and Rerick, Raymond (2002),

Lean Enterprise: A Synergistic Approach to Minimizing Waste, ASQ Quality Press, ISBN 0873895320

- Liker, Jeffrey (2003), The Toyota Way: 14 Management Principles from the World's Greatest Manufacturer, First edition, McGraw-Hill, ISBN 0071392319.

- Ford, Henry and Crowther, Samuel (2003), My Life and Work, Kessinger Press, ISBN 0766127745

- Ford, Henry and Crowther, Samuel (1988), Today and Tomorrow, Productivity Press, ISBN 0915299364

- Ford, Henry and Crowther, Samuel (2003), Moving Forward, Kessinger Press, ISBN 0766143392

- Norwood, Edwin P. (1931), Ford: Men and Methods, Doubleday, Doran, ASIN B000858158

- Dinero, Donald (2005), Training Within Industry: The Foundation of Lean", Productivity Press, ISBN 1-56327-307-1

- Emiliani, M.L., with Stec, D., Grasso, L. and Stodder, J. (2003), Better Thinking, Better Results: Using the Power of Lean as a Total Business Solution, The CLBM, Kensington, Conn., ISBN 0972259104

- Imai, Masaaki (1986), Kaizen: The Key to Japan's Competitive Success, McGraw-Hill/Irwin, ISBN 007554332X

- Hirano, Hiroyuki (1995), 5 Pillars of the Visual Workplace, Productivity Press, ISBN 1563271230

Recursos Online

1. www.LeanLearningCenter.com

2. www.LeanManufacturingHoy.com – Portal con las últimas noticias, artículos y todo lo relacionado al tema.

3. "NWLEAN: http://www.nwlean.net/" - The Northwest Lean Networks - Un sitio web de intercambio de conocimiento libre, con más de 10.000 profesionales y discusiones sobre los diversos aspectos del Lean Manufacturing.

4. "Formula for Success in New Product Development" - http://www.slideshare.net/StageGateInternational/wp-23 - Un estudio sobre los beneficios de Lean Manufacturing en desarrollo de nuevos productos, por el Dr. Robert G. Cooper

5. http://www.libros-lean-manufacturing.com/ - Otro interesante blog con libros sobre el tema, video y casos de éxito.

6. http://www.eoi.es/savia/familia/digital - Sitio web de la Escuela de Comercio Internacional, con videos, artículos y temas de interés, tales como Innovación y Creatividad, Marketing, Comunicación y muchos otros.

Acerca del Autor

Miguel Fernández Gómez es Licenciado en Administración de Empresas y cuenta con una amplia experiencia en consultoría de Recursos Humanos y Lean Manufacturing para diversas empresas multinacionales y Pymes del sector industrial y automotor.

Actualmente es responsable de la dirección y supervisión de proyectos de implantación de programas Lean Manufacturing en diversas instituciones, como así también la puesta en marcha y desarrollo de Grupos Autónomos de Producción.

Ha impartido cursos sobre Gestión de Calidad, Trabajo en Equipo, Motivación Laboral, Productividad, Gestión y administración del tiempo, Six Sigma y Lean Manufacturing, entre otros.

Estimado Lector:

Nos interesan mucho tus comentarios y opiniones sobre esta obra. Por favor ayúdanos comentando sobre este libro. Puedes hacerlo dejando una reseña al terminar de leer el mismo en el sitio web oficial de la tienda donde lo has adquirido.

Puedes también escribirnos por correo electrónico a la dirección info@editorialimagen.com.

Si deseas más libros como éste puedes visitar el sitio web de Editorial Imagen para ver los nuevos títulos disponibles y aprovechar los descuentos y precios especiales que publicamos cada semana.

Visítanos en la siguiente dirección:

www.Editorialimagen.com

Allí mismo puedes contactarnos directamente si tiene dudas, preguntas o cualquier sugerencia. ¡Esperamos saber de ti!

Recursos Adicionales

Cómo Desarrollar una Personalidad Dinámica - Descubre cómo lograr un cambio positivo en ti mismo para asegurarte el éxito

Autor: Josué Rodríguez

La actitud correcta no sólo define quién eres, sino también tu enfoque y el éxito que puedas llegar a alcanzar en la vida.

En este libro aprenderás los secretos de las personas altamente efectivas en su negocio, y cómo desarrollar una actitud positiva para tu vida familiar y tu profesión, cualquiera que esta sea.

Además el autor revela cómo desarrollar la personalidad Ideal para el éxito en los negocios. También descubrirás:

• Cómo conocerte a ti mismo mejor que ahora

• Cómo descubrir tu personalidad

• Cómo la Ley de Atracción ayuda al desarrollo personal

• Qué necesitas para estar en la cima

• Características de una personalidad dinámica

• Diferentes Estilos de Personalidad Entre Gerentes y Líderes

• ¿Tienes Una Personalidad Como Para Innovar?

Cómo Hablar en Público Sin Temor - Estrategias prácticas para crear un discurso efectivo (Serie Oratoria Eficaz)

Autor: Valentín Ortega

Hablar en público, en especial delante de multitudes, generalmente se percibe como la experiencia más estresante que se pueda imaginar. Las estrategias de oratoria presentadas en este libro están diseñadas para ayudarte a transmitir cualquier idea y mensaje ya sea a una persona o a un grupo de gente.

En este libro descubrirás estrategias para hablar en público que puedes usar para crear un discurso efectivo y poderoso en 30 minutos o menos, independientemente de quién sea tu público.

Aprenderás estrategias que puedes usar para crear un discurso efectivo y poderoso en 30 minutos o menos, cómo eliminar el pánico escénico, aumentar tu auto confianza y maneras para ayudarte a lidiar con una audiencia que no conoces y cómo conectarte con ella.

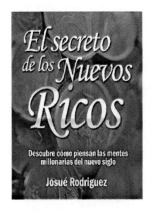

El Secreto de los Nuevos Ricos - Descubre cómo piensan las mentes millonarias del nuevo siglo

Autor: Josué Rodríguez

La mayoría de la población tiene una relación de amor/odio

con las riquezas. Resienten a aquellos que las poseen pero pasan todas sus vidas tratando de conseguirlas para sí mismos.

La razón por la cual la mayoría de los individuos nunca acumula ahorros sustanciales es porque no comprenden la naturaleza del dinero o de cómo funciona.

Hoy en día existen personas jóvenes que ya son ricas y han prosperado con éxito. En este libro descubrirás cómo piensan aquellos que han logrado enormes fortunas y cuáles son las reglas del juego en esta nueva economía.

Descubrirás:

• Por qué los ricos no siguen nuestras reglas

• Cómo usar las reglas de los ricos

• Las personas más ricas del mundo son comerciantes y especuladores

• Cómo aplicar las Reglas de inversión de los ricos

• La diferencia entre invertir y comercializar

• Cómo conseguir flujo de efectivo de un banco sin refinanciación

• y mucho más!

CPSIA information can be obtained
at www.ICGtesting.com
Printed in the USA
LVOW10s1413020517
532940LV00029B/1651/P